Cómo construir una marca exitosa sin publicidad

El caso Café Martínez

Eduardo A. Laveglia

Laveglia, Eduardo Augusto
Cómo construir una marca exitosa sin publicidad: el caso Café Martinez.
1a ed. - Buenos Aires : Pluma Digital Ediciones, 2013.
220 p. ; 225x155 cm.

ISBN 978-987-29099-8-7

1. Marketing. I. Título
CDD 658.83

Fecha de catalogación: 27/09/2013

Coordinación editorial: Osvaldo Pacheco
opacheco@plumadigitaledicion.com.ar
carlososvaldopacheco@hotmail.com

Diseño de tapa e interior: www.editopia.com.ar

Impreso en Argentina/Printed in Argentina

ISBN 978-987-29099-8-7

9 789872 909987

A Idalio (Pipo) y Eulogia (Chela), que me impulsaron.
A Marisa, Mora y Luciano, que me apoyaron.

Espacio de conversación con los lectores:

Los que deseen hacerme llegar sus comentarios y consultas tienen a mano distintos canales interactivos para hacerlo. Además cuentan con un blog en el que tendrán información adicional relacionada con el libro, y donde además los docentes podrán encontrar distintos tipos de recursos si desean usarlo en sus cursos.

¡Los espero!

Eduardo Laveglia

 elaveglia@proaxion.com.ar

 /Marketing-del-Contacto

 eduardolaveglia.com

@elaveglia

Índice

Prólogo de Marcelo Salas Martínez

Como muchas otras cosas en la vida este libro se inició en una charla de café y es fiel reflejo de lo que reza en nuestra visión: "Creamos sabores, momentos y proyectos para una vida mejor". Aquí se narra una historia, se cuenta el cómo y el porqué, pero además este nació como un proyecto que queríamos que ayude a quien lo lea, a tener como emprendedor o empresario una vida mejor. Aquí se encuentran múltiples ejemplos que explican, los motivos por los que **Café Martínez** pudo superar sus 80 años de vida gracias a su comunidad a la cual, a su vez, le ha dedicado su vida. En la vida como en la empresa todo lo que uno brinda luego lo recibe.

Encontrarán escrito mi nombre reiteradas veces, les ruego que cada vez que lo lean recuerden que soy tan solo el que ayuda a narrar la historia, mi nombre perfectamente podría reemplazarse por el de mis hermanos. El mérito es en primera instancia de su autor, Eduardo Laveglia, un extraordinario ser humano y profesional a quien gracias a esta obra pude conocer en profundidad. Y por supuesto a su amabilísimo y muy profesional equipo de colaboradores que nos ha tratado con un gran respeto.

Café Martínez tiene como misión ser en cada país, ciudad, pueblo o barrio, "El Lugar", elegido por su gente. La Universidad del Salvador, de la cual Eduardo es docente y en la que estudian quienes han colaborado en esta obra, es vecina de nuestra sucursal madre. Esto es una de las cosas que más me gusta de este proyecto común pues refleja la enorme influencia que tienen las empresas en su entorno y la posibilidad que tienen de trabajar en pos de un futuro mejor para su país, acercándose a instituciones que se dedican a la educación, ámbito con el que tenemos la obligación de colaborar y al que debemos proteger. La universidad nos ha honrado dándole el nombre de **Café Martínez** a una de sus aulas y nos la brinda generosamente gracias a lo cual capacitamos a cientos de jóvenes año tras año para lograr brindar a nuestros clientes la mejor atención posible para que, de esta forma, puedan vivir un "Momento Martínez".

Nuestra compañía se ha dedicado desde sus orígenes a lograr que su comunidad sea exitosa. Nuestros abuelos iniciaron el camino ayudando a muchos inmigrantes españoles a insertarse laboralmente en nuestro país, los ayudaron dándoles en muchos casos casa y comida, también trabajo, luego a asociarse para poner cafeterías u otro tipo de comercios, también ayudaron a sus proveedores para que pudieran proveerles productos, ayudaron a vecinos y amigos. Nosotros hemos intentado honrar su ejemplo, profesionalizando día a día nuestra compañía, descubriendo, actualizando y mejorando los mismos procesos que ellos utilizaron. Creemos que para que una compañía crezca es necesario que los seres humanos que la conforman crezcan, no existe otro camino, las empresas son su gente. Hoy, gracias a la inmensa colaboración de nuestros equipos, clientes, franquiciados y sus equipos y proveedores, es decir nuestra comunidad que son los verdaderos responsables de nuestro crecimiento, hemos logrado brindar miles de puestos genuinos de trabajo, hemos generado riqueza cultural, espiritual y económica en nuestro país y en cada región en la que nos hemos instalado. Todo esto se ve reflejado en esta obra y sustentado por una extensa y exhaustiva investigación.

Nosotros recibimos de nuestra familia una herencia que es todo lo que se puede dar y recibir de mano en mano pero también un legado que es lo que se transmite de corazón a corazón. Por eso quiero agradecer también a nuestros abuelos por habernos transmitido con tanto amor la vocación por el trabajo y la pasión por el café. A nuestro padre por habernos enseñado entre abrazos y caricias el valor de la bondad y la honestidad y pese a que no estuvo presente físicamente cuando redactamos nuestros principios, sabemos que fue su espíritu quien nos los redactó, trayendo a nuestra memoria enseñanzas aprendidas de su vida ejemplar. A nuestras familias por su incondicional e invalorable apoyo, por perdonarnos el haberles robado su tiempo para dedicárselo al trabajo, por ser sostén en los momentos difíciles y por festejar con locura cada logro. Y por supuesto y especialmente a nuestra madre quien tan sabiamente nos enseñó que la vida es para disfrutarla, por su inagotable generosidad y sabiduría para ser nexo entre dos generaciones, por ser el optimismo encarnado en una persona, por su amor incondicional y por su presencia luminosa.

Marcelo Salas Martínez
Buenos Aires, septiembre de 2013

Prólogo del Autor

El estudio del caso **Café Martínez** surgió inicialmente como un objetivo de interés académico, que procuraba comprender qué factores hacen al éxito de una empresa de servicios en la Argentina.

Creo fundamental contar con casuística local que permita a estudiantes, profesionales, emprendedores e interesados en la lectura sobre negocios comprender conceptos sin tener que recurrir a ejemplificaciones, habitualmente extranjeras, que en muchos casos corresponden a contextos muy distintos al nuestro. Creo, asimismo, que si un concepto de cualquier disciplina y en este caso particular, de marketing, se ilustra con ejemplos cercanos, mejor será su comprensión y mayor será el estímulo para su aplicación.

Me interesaba desentrañar el ADN del éxito de una empresa argentina de servicios y saber en qué grado los factores que explican el éxito de las empresas de servicio en otros lugares del mundo, podrían explicar el éxito de una empresa local, o si había aspectos específicos.

Recurrí al modelo de los nueve impulsores desarrollado por el profesor Leonard L. Berry, quien puede ser considerado mundialmente una de las figuras más relevantes en el campo del Marketing de los Servicios. Puse al profesor Berry al tanto de nuestro proyecto de investigación y tuvo la deferencia de hacerme llegar sus puntos de vista y sugerencias.

Elegí **Café Martínez** como objeto de estudio porque cumplía varios requisitos fundamentales: es una empresa que se desempeñaba en un sector altamente competitivo en el que había cadenas internacionales, fuertes jugadores locales y regionales, además de una multiplicidad de pequeños comercios independientes de gastronomía. Por otro lado, se trata de una empresa Pyme, lo que hace interesante analizar su éxito porque nunca podría estar explicado por la profusión de recursos y, finalmente, su cultura empresarial abierta que es garantía de acceso a la información.

Todo el material de este libro relacionado con **Café Martínez** surgió, entonces, de dicha investigación académica que dirigí en la Universidad del Salvador (USAL), de la que participaron gran cantidad de personas entre alumnos y profesores de la Licenciatura en Comercialización, del Posgrado de Especialización en Marketing y de la Maestría en Dirección de Negocios con Orientación en Marketing. Llevó casi dos años de trabajo, entre 2011 y 2012, y un enorme despliegue en cuanto a trabajo de campo. En la Introducción de la Parte I del libro se detalla la investigación realizada y en el Anexo Equipo de Investigación se menciona a los participantes, a quienes les doy mi profundo agradecimiento y reconocimiento por la labor realizada.

Mi proyecto, dentro de la investigación realizada, tuvo que ver con entender cómo una marca exitosa puede ser construida por los clientes a través de experiencias de servicio satisfactorias, sin necesidad alguna de grandes campañas comunicacionales.

Creo que en una época en la que se ha democratizado el acceso a la información a través de las nuevas tecnologías, más que nunca podemos decir que una marca no es lo que ella dice ser, sino lo que los clientes experimentan que es. Luego, esas experiencias se difunden boca a boca y *click a click* y pueden hacer de esa marca un éxito nacional e incluso internacional, sin que sea necesario invertir casi nada en medios tradicionales de comunicación.

Es cierto que no es el primer caso, ni afortunadamente el único. Se podrá decir que hay marcas a escala global que se han construido así, e incluso en el mismo sector de **Café Martínez**. Pero precisamente eso es lo importante y lo que el caso de **Café Martínez** viene a confirmar. Que independientemente del contexto y de las particularidades de un mercado, si una propuesta aporta genuinamente valor, la construcción de su marca no la hace la empresa sino sus clientes.

Considero al marketing como una disciplina con un fin social muy valioso: el de satisfacer necesidades y deseos de personas y organizaciones. Lejos está esta definición de aquella que ve al marketing como el conjunto de técnicas que permiten "contar bien una linda historia", sin importar si esa historia es genuina o no. Eso no es marketing, eso es cosmética y como tal no dura largo tiempo.

Encontré en **Café Martínez** una buena excusa para explicar las claves para construir una marca sólida y, de paso, ilustrarlo y ejemplificarlo, contando cómo se hizo en este caso.

Por eso este libro puede ser leído de dos maneras. Por un lado permite aprender, más allá del caso estudiado, cómo se hace marketing en una empresa de servicios y cómo se construye una marca desde la experiencia del cliente. A lo largo del libro hay conceptos y formulaciones y es aquí donde recurro al aporte de autores reconocidos en cada temática abordada, a lo que agrego mi conocimiento académico y mi experiencia como consultor en la materia.

Pero a la vez, puede ser leído por aquellos que busquen en **Café Martínez** una inspiración, un ejemplo de espíritu emprendedor que no viene de otras latitudes, culturas o estilos de vida.

Tuve la fortuna, con el transcurso del tiempo, de conocer a la familia Martínez y en particular a Marcelo Salas Martínez, nieto del fundador, a quien considero un ejemplo de emprendedor digno de imitar, no solo por su capacidad de hacer, sino por sus valores y el propósito que guía lo que hace. Estoy seguro de que con más Salas Martínez en roles empresarios, seríamos una mejor sociedad.

Esto también ha sido un gran estímulo para difundir el caso de **Café Martínez** a través de este libro. Ojalá que sirva para enseñar e inspirar.

Eduardo A. Laveglia
Buenos Aires, julio de 2013

Primera Parte

La Investigación

Introducción

La investigación que dio origen a este libro estuvo enmarcada dentro de las actividades del Instituto de Investigaciones del Posgrado de Marketing de la Facultad de Ciencias de la Administración de la Universidad del Salvador (USAL).

Participaron alumnos del Posgrado de Especialización en Marketing y del Master en Administración de Negocios Orientación Marketing que realizaron sus Tesis de Maestría o Trabajos Finales en base a distintos aspectos de este proyecto. También formaron parte del equipo profesores de la Licenciatura en Comercialización que condujeron a sus alumnos de la carrera de grado para la recolección de la información mediante entrevistas y encuestas y el posterior procesamiento de la información. En el proyecto de investigación total trabajaron cerca de 100 personas[1].

El trabajo se inició en mayo de 2011 y se concluyó a fines de 2012. En ese período se realizó una intensa tarea que incluyó la realización de

---

[1] La nómina de los que participaron del proyecto de investigación se encuentra en el Anexo Equipo de Investigación.

18 entrevistas grupales e individuales a directivos y gerentes de **Café Martínez**, 12 entrevistas a franquiciados y otras tantas a empleados, 35 entrevistas en profundidad a clientes frecuentes, 20 *mystery shoppers* en distintas sucursales de **Café Martínez**, 1069 encuestas a clientes de distintas cadenas de cafetería ubicadas en el Área Metropolitana Buenos Aires (AMBA)[2]. También se participó en reuniones de capacitación y reuniones de franquiciados y se utilizó la técnica de observación participante en una sucursal durante un año. Se revisaron fuentes secundarias como artículos en prensa, informes económico-financieros de la empresa, se estudiaron los modelos contractuales de franquicia, el Manual de Cultura Martínez y el Manual de Arquitectura Martínez.

Debemos destacar que la apertura de la empresa fue total y el equipo pudo ir tan a fondo como quiso. El lector podrá comprobarlo a partir del primer capítulo, que sigue a continuación.

---

[2] A los efectos de facilitar la identificación de las menciones de Café Martínez, en lo sucesivo las mismas aparecerán en negrita.

Capítulo 1

El éxito de una empresa de servicios

1.1 Cafeterías: Un laboratorio competitivo

El valor de elegir **Café Martínez** como unidad de análisis no estuvo sostenido solamente por las características de esta empresa en sí, sino también por las particularidades competitivas del sector en el que se desenvuelve.

Nuestro interés no era relatar solamente el caso de una empresa dentro de un rubro específico, sino fundamentalmente, que el estudio de ese caso sirviera para entender cómo logran el éxito las empresas de servicios que se desempeñan en mercados realmente competitivos.

El mundo de los servicios es verdaderamente amplio, abarca desde un banco, una empresa proveedora de servicios de Internet, servicios profesionales como la medicina, la consultoría o la abogacía; la educación, una peluquería, un supermercado, un hotel, una línea aérea y también, desde luego, una cafetería ¿Cómo puede ser que actividades tan disímiles tengan un vínculo entre sí?, ¿Qué las vincula?, ¿Qué las relaciona?

El hilo conductor es la intangibilidad. Un servicio no se puede envolver en un paquete. El servicio es intrínsecamente intangible. Es verdad que en algunos de ellos hay elementos tangibles: una cama, una mesa, una chequera, una tarjeta plástica, un pocillo de café. Pero lo que el cliente se lleva de un servicio es una experiencia que no se puede poner dentro de una bolsa. Sólo queda guardada en su memoria. En servicios el cliente sólo es dueño de un recuerdo, eso es lo único que se lleva. Si fue a una gomería a comprar neumáticos, se llevará los neumáticos puestos en su auto, pero esos neumáticos los fabricó el fabricante de neumáticos. La gomería "fabricó" un servicio que el cliente se lleva en su mente y refiere a aspectos como por ejemplo: cómo fue tratado, si lo asesoraron, la rapidez de atención, la comodidad en la espera y otros muchos más, que configuran su experiencia de servicio, que quedará guardada en su memoria y hará que vuelva. O no.

En este sentido el sector gastronómico es uno de los que mejor muestra la batalla competitiva en su faceta más descarnada. Y más aún en el rubro de cadenas de cafetería.

Partimos de un cliente como el porteño que, si bien no está entre los mayores consumidores mundiales per cápita de café (producto) tiene larga tradición en la concurrencia a cafeterías (servicio). Las primeras se remontan a las épocas de la colonia, como el Café de los Catalanes. Ni que hablar de la época de la Revolución de Mayo donde lugares como el Café de Marcos fueron emblemáticos como centro de reuniones políticas[1]. Más tarde, vino la gran avalancha inmigratoria de Europa y el café

---

[1] El Café de los Catalanes o Café de Catalanes estuvo abierto entre 1799 y 1873. Estaba situado en la esquina nordeste de las calles San Martín y Perón. El Café de Marcos estaba en la esquina de las calles Alsina y Bolívar y funcionó entre 1801 y 1871. "Los cafés más lujosos y mejor atendidos eran el Café de Marcos y el de la Victoria; seguía el de Catalanes. (…) [El de Catalanes] llegó a ser uno de los más importantes por su proximidad con el Teatro Argentino, por sus espaciosas salas hermoso patio, siempre muy concurrido en las noches de verano." José Antonio Wilde, *Buenos Aires desde 70 años atrás (Buenos Aires: EUDEBA, 1966), 145.*

como lugar de encuentro político y cultural, con el Café Tortoni como símbolo de ello, pero sin olvidar al café de barrio, recogido a mediados del siglo XX por el discepoliano tango Cafetín de Buenos Aires. En definitiva, el de Buenos Aires es un cliente conocedor y experimentado que, gracias a la masiva inmigración italiana, accedió al *espresso* al poco tiempo que esta forma de preparación se creara en Italia.

Esa multiplicidad de locales que tradicionalmente poblaron las esquinas de los distintos barrios de Buenos Aires eran habitualmente negocios independientes de pequeños propietarios. Con el tiempo, en la segunda mitad del siglo XX, empezaron a aparecer también pequeñas cadenas que cubrieron diversos barrios, bajo el peculiar formato de "pizza café", aunando dos populares gustos porteños bajo un mismo techo. Y luego, a mediados de la década de 1990, ocurrió la llegada de las cadenas de cafetería especializadas, de las que **Café Martínez** fue pionera. Con el tiempo, el sector de las cadenas de cafetería fue convocando paulatinamente a importantes grupos empresarios locales y regionales a los que luego se les sumaron grandes y exitosos jugadores globales. Lo interesante fue que este nuevo formato comercial se agregó a los existentes, porque ninguno de los que hemos mencionado anteriormente dejó de funcionar.

Las posibilidades que se le presentan a ese cliente conocedor son tantas y tan variadas, que la amenaza de que cruce de vereda y cambie de elección son permanentes. En gastronomía, si a una propuesta le va bien en el largo plazo, no es por casualidad. Por eso tantos aventureros que ven "divertido" abrir un restaurante, al poco de andar tienen que cerrar las puertas. Es un negocio de profesionales. No hay lugar para la improvisación, aunque sí, como veremos más adelante, para la creatividad e innovación.

Por esto creemos que el caso **Café Martínez** puede ser de gran utilidad para cualquiera que quiera entender cómo puede tener éxito una empresa que se tiene que desempeñar en un sector altamente competitivo de la industria de los servicios, independiente del rubro del que se trate. Pero para hablar de un caso de éxito, primero hay que buscar las evidencias.

1.2 El éxito y el erizo

El principal objetivo de la investigación tenía que ver con decodificar el ADN del éxito de **Café Martínez** pero primero teníamos que confirmar que se trataba de una empresa realmente exitosa. Asumíamos intuitivamente que lo era pero había que buscar evidencias objetivas de ello. Pudimos verificar que los indicadores económico-financieros de la empresa reflejaban ese éxito, pero en verdad se trataba de un caso de éxito en marketing, dada la notoriedad que había logrado la marca. Más allá de las señales de preferencia y satisfacción con la marca que nos dieron los clientes en las encuestas y a las que nos referiremos más adelante, un indicador de éxito al que accedimos tempranamente tiene que ver con la evolución en el tiempo de la cantidad de locales de la cadena, tal como se muestra en la Figura 1.1.

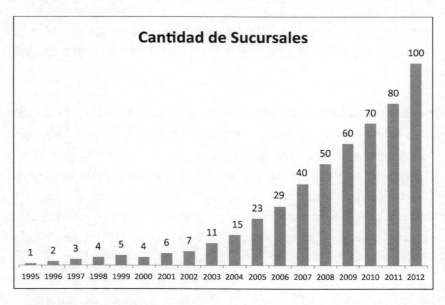

Figura 1.1: Cantidad de sucursales. Elaboración propia en base a información provista por Café Martínez.

En una de las primeras entrevistas que tuvimos con Marcelo Salas Martínez, socio de la empresa, nos sorprendió dándonos, sin que se lo pidiéramos, su perspectiva sobre lo que estábamos buscando. Nos dijo:

> Hay un libro que cuenta muy bien por qué hay empresas a las que les va bien y perduran. Su título es Empresas que Sobresalen y allí cuenta la historia del zorro y el erizo. Nuestra empresa es como un erizo, tiene la simplicidad del erizo para competir[2].

Esta mención que nos hizo tan prematuramente, en el comienzo de la investigación nos dio mucha información. Por un lado, haber dicho lo que dijo, definía a Marcelo. Él no es uno de esos empresarios que si logran un éxito se contentan con disfrutarlo. A él, mucho antes que a nosotros, le había preocupado tener un marco conceptual que le permitiera entender por qué ocurrieron las cosas. Eso lo había llevado a indagar en libros, en experiencias de otros emprendedores y en la observación y comprensión de la realidad.

Por otro lado su mención del famoso libro *Good to Great* de Jim Collins, nos permitía comprender cómo él explicaba el éxito de su empresa[3]. Vale sintetizar aquí dicho concepto del erizo.

En el libro, Collins cuenta la historia de un zorro y un erizo. Esta dupla animal, cuya contraposición viene desde los antiguos griegos y ha servido a otros para simbolizar estilos y estrategias diferentes, corporiza la confrontación entre lo complejo y lo simple[4]. El zorro sabe muchas cosas, el erizo una sola. El zorro, un animal con múltiples recursos: astuto,

---

[2] Marcelo Salas Martínez, "Living Case" (presentación, Facultad de Ciencias de la Administración de la Universidad del Salvador, 3 de noviembre de 2011).

[3] James Collins, *Empresas que sobresalen (good to great) por qué unas sí pueden mejorar la rentabilidad y otras no* (Gestión, 2006). Originalmente publicado como *Good to Great* (HarperCollins, 2001).

[4] Isaiah Berlin, *The Hedgehog and the Fox: An Essay on Tolstoy's View of History* (Londres: Weidenfeld & Nicolson, 1953).

ágil, inquieto, rápido y con un olfato incomparable; por más que intente atacar al erizo, lo único que logrará será pincharse. Cuando se enfrentan, siempre grana el erizo, por más que el zorro desarrolle complejas estrategias de ataque. A aquél sólo le basta enrollarse y esperar a que sus espinas hagan el resto.

Somos culturalmente proclives a que lo sofisticado y la multiplicidad de recursos nos deslumbren, pero es innegable que lo simple es, en muchas situaciones, la salida más efectiva.

Collins desarrolla el concepto aplicándolo al mundo empresarial y define el "Concepto del Erizo" como la intersección de tres círculos, como lo muestra la Figura 1.2:

Figura 1.2: Concepto del Erizo. Fuente: adaptado de Jim Collins, *Good to Great* (HarperCollins, 2001). Traducción del autor.

1. **Aquello en lo que puedes ser el mejor del mundo:** se puede ser bueno en algo pero no el mejor, esa es una distinción clave que hay que hacer. Collins recomienda hacer sólo aquello en lo que se puede ser el mejor del mundo: "El concepto del erizo no es una meta para ser el mejor, una estrategia para ser el mejor, una intención de ser el mejor. Es entender en qué puedes ser el mejor. Esa distinción es crucial"[5].

2. **Lo que impulsa tu motor económico:** Las empresas que sobresalen logran una profunda comprensión sobre aquello que les genera ingresos y utilidad. Hay un ratio clave que denomina "ganancias/X": "Si pudieras elegir uno y solo un ratio para mejorarlo sistemáticamente a lo largo del tiempo, ¿Qué X tendría el impacto mayor y más sustentable en tu motor económico?"

3. **Lo que te apasiona profundamente:** Las empresas que sobresalen se concentran en aquellas actividades que las apasionan: "No puedes fabricar pasión o 'motivar' a las personas para que se apasionen. Sólo puedes descubrir lo que enciende tu pasión y la pasión de aquellos alrededor tuyo."

Este aporte a la comprensión del éxito de **Café Martínez** que nos hizo Marcelo desde el mismo comienzo de la investigación, nos fue iluminando el camino. Veríamos luego, a medida que avanzábamos en la investigación, que el "Concepto del Erizo" estaría efectivamente muy presente en infinidad de aspectos que explicaban el éxito.

Hay mucha coincidencia entre esta visión y la que nosotros fuimos desarrollando a lo largo del estudio de **Café Martínez**. Encontramos tres grandes pilares que explican su éxito:

Simpleza

Foco

Pasión

---

[5] James C. Collins, *Good to Great*. Traducción de Eduardo Laveglia. Ésta y todas las citas bibliográficas de este libro que corresponden a originales en idioma inglés, fueron traducidas libremente por el autor.

Esos tres pilares serán las partes siguientes en las que está dividido el libro y los explicaremos oportunamente. No obstante, el objetivo de la investigación no era identificar solamente las grandes líneas conceptuales que explicaran el éxito. Queríamos llegar a una comprensión más detallada sobre cuáles eran los impulsores de esa construcción exitosa de la marca **Café Martínez**.

1.3 Impulsores del éxito

Nos pusimos a investigar distintos modelos conceptuales provenientes del mundo académico que se habían creado con el objeto de explicar el éxito de las empresas. Hubo muchos intentos por identificar las razones por las cuales las empresas tenían éxito e incluso varios de ellos, como los trabajos de Collins, fueron *best sellers* clásicos de la literatura de negocios[6]. No obstante, en algunos casos se trataba de planteos muy generalistas, con poca constatación empírica y sin foco en los servicios. Nos interesaba contar con un marco conceptual específico para empresas de servicios, que fuera más detallado, integrador y que hubiera sido puesto a prueba en el terreno, analizando empresas de servicio del mundo real.

Optamos entonces por el modelo desarrollado por el profesor Leonard L. Berry de los nueve impulsores o drivers que explican el éxito de las empresas de servicio[7]. Elegimos el enfoque de Berry porque se trata de uno de los más importantes estudiosos del marketing de los servicios. Antes de diseñar su modelo de los nueve impulsores, este autor ya venía trabajando en el estudio de las empresas de servicios que sobresalían por lo destacable de su labor[8].

---

[6] Debe incluirse también James C. Collins y Jerry I. Porras, *Built to Last: Successful Habits of Visionary Companies* (HarperBusiness, 2004). En español: *Empresas Que Perduran*, Traducido por Jorge Cardenas Nannetti (Grupo Editorial Norma, 2003).

[7] Leonard Berry, *Discovering the Soul of Service: The Nine Drivers of Sustainable Business Success* (Free Press, 1999). En español: *Cómo Descubrir el Alma del Servicio: Los Nueve Motores del Éxito Empresario Sostenido* (Buenos Aires: Granica, 2000).

[8] Leonard Berry, *On Great Service: A Framework for Action* (Free Press, 1995).

Pero además, el enfoque de Berry aplica muy bien a una empresa de servicio como **Café Martínez**, en la cual la intervención del factor humano es clave en el resultado. La estructura del modelo puede observarse en la Figura 1.3.

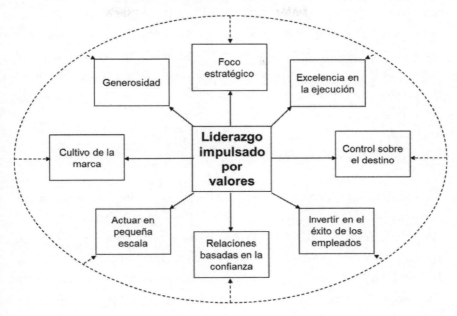

Figura 1.3 Los 9 impulsores para el éxito en servicios. *Fuente:* adaptado de Leonard Berry, *Discovering the Soul of Service: The Nine Drivers of Sustainable Business Success* (Free Press, 1999). Traducción del autor.

A continuación una rápida síntesis del significado de cada uno de los impulsores del éxito de Berry.

Liderazgo Impulsado por Valores

En una empresa de servicios, cada empleado toma innumerable cantidad de decisiones cada día que afectan a la empresa y clientes y están más allá de los procedimientos pautados. Lo que define la forma en que él o ella se desempeñan, es la actitud fundada en valores esenciales de excelencia, respeto, honestidad e integridad. Sin embargo, la práctica de estos valores debe comenzar por el que conduce, "el N°1", a través de sus actos y no simplemente de sus palabras. Cuanto mayor sea la coincidencia entre los valores de los que dirigen y los empleados, más influencia ejercerán como orientación cotidiana. Los conductores son líderes docentes. La idea del liderazgo que tienen las empresas de servicio que estudió Berry está basada en conducir con el ejemplo. Los líderes marchan adelante, y para tener seguidores (tal la definición de líder), deben ganarse la confianza de su gente, pero además, para asegurarse el crecimiento, buscan desarrollar actitudes de liderazgo en otras personas dentro de la organización, por eso una de las decisiones más importantes para estas empresas es la elección de los mandos medios, dado que consideran que llevan a cabo una tarea crítica.

Los valores que impulsan el liderazgo son:

Excelencia: Bueno no es suficiente. El orgullo por lograr la excelencia,
Innovación: El éxito proviene de no estar nunca satisfechos,
Alegría: Las compañías de servicio exitosas son sitios alegres porque sus empleados no tienen que trabajar contra sus valores y convicciones,
Respeto: Por el cliente, empleados, proveedores, la comunidad en general,
Trabajo en equipo: Los individuos colaboran en pos de un objetivo común que es más fácil alcanzar en conjunto,
Honestidad: Los servicios son una promesa que por su naturaleza intangible son más difíciles de evaluar. Ante esto el cliente es más vulnerable,
Beneficio social: Las acciones dirigidas a la comunidad no sólo son una elección posible, sino que ocupan un lugar central. Son para Berry "una razón de ser".

Foco estratégico

Las compañías exitosas definen sus negocios de manera sumamente clara: ellas saben cómo quieren crear valor para sus clientes. Se centran en servir una necesidad de mercado específica en lugar de vender un servicio específico para esa necesidad. Buscan mercados en los que dicha necesidad no se encuentra bien atendida y procuran servirlos de manera superior a su competencia, para ello saben "escuchar la voz del cliente" y esa escucha los orienta en la toma de decisiones y en el pensamiento crítico. Su concepto estratégico es "Menos es Más". La esencia de la estrategia no es decidir qué hacer, sino qué no hacer.

Excelencia en la ejecución

Nada es más importante que encontrar las personas adecuadas para realizar el servicio, porque la calidad de las personas encargadas del servicio es clave para la calidad del mismo. Las empresas exitosas buscan personas con talento, pero siempre que compartan los valores de la compañía. Para ello practican una "contratación paciente", dada la importancia que tiene este proceso. Se le dedica mucho tiempo con múltiples etapas y entrevistas.

Dan mucho valor a la tangibilización de la calidad de servicio debido a la naturaleza intangible de los servicios. Para ello es sumamente importante tanto la imagen de las instalaciones donde se brinda el servicio como la imagen de los empleados.

No le dan excesiva importancia a los manuales de procedimientos: se puede tener una excelente empresa de servicios con valores fuertes y manuales endebles. Por lo anterior, la clave de la excelencia en la ejecución no está en las especificaciones sino en la actitud hacia la flexibilidad. La flexibilidad no está escrita en un guión sino que es una filosofía.

Control sobre el destino

Las empresas de servicios exitosas disfrutan del crecimiento, sin embargo no están dispuestas a anteponerlo a la excelencia operativa. Adoptan un ritmo de crecimiento que sea consistente con el mantenimiento del estándar de excelencia alcanzado en la operación. Opinan que el crecimiento rápido no permite que se controle la calidad, el foco sobre el cliente y la cultura. A la hora de contratar personal prefieren resignar crecimiento antes que bajar los estándares de ingreso, para tomar más gente.

Relaciones basadas en la confianza

La confianza es importante dado que una empresa de servicio vende

sas. Los clientes deben creer en que la empresa cumplirá lo que
te, pero lo mismo también es clave en relación con el personal.
Cuando hay confianza se amplía la zona de tolerancia en los casos en los
que las cosas no salen como esperado. La confianza crea una reserva de
crédito. Da una segunda oportunidad para reconstruir la relación.
Inversión en el éxito de los empleados

El personal tiene orgullo por el trabajo que realiza. Se sienten profesionales en su tarea. Al personal se lo considera un trabajador "voluntario"
porque todo depende de su voluntad. Las empresas exitosas estudiadas
por Berry invierten en infraestructura, herramientas e incentivos para su
personal, pero a su vez esperan de su gente logros superiores e invierten
en alcanzarlos. La inversión no tiene que ver solamente con la capacitación propia del proceso de inducción inicial a la empresa sino también
en el aprendizaje continuo a lo largo del tiempo.

Precisamente la inversión en aprendizaje continuo se justifica porque a
través de ella se fortalecen los valores fundamentales de la firma, además, la educación es motivadora porque da seguridad a las personas. La
filosofía de estas empresas es: "el aprendizaje es una travesía, no un destino", especialmente en un mundo tan dinámico como el actual, nunca nadie está completamente formado. El aprendizaje continuo hace al
profesional de alto rendimiento.

Actuar en pequeña escala
Cuando una empresa de servicios es exitosa, se encuentra con nuevos
problemas propios del crecimiento. Si bien el crecimiento le brinda nuevas oportunidades y otra dimensión del negocio, trae aparejado algunos
efectos secundarios negativos. La clave radica en reducir al mínimo las
desventajas de la gran envergadura, al tiempo que se aprovechan sus
ventajas. Esto se logra con el liderazgo centrado en valores tal como ya
lo hemos visto, adoptando una estructura innovadora, utilizando la tecnología y estimulando el sentido de propiedad a pequeña escala.

Cultivo de la marca

En este tipo de empresas la marca juega un papel fundamental por la naturaleza intangible del servicio. Cuando son fuertes fomentan la confianza del cliente y reducen los riesgos percibidos por ellos.

La construcción de la marca en estos casos, recae más en la experiencia que los clientes tienen con ella en los encuentros de servicio que en lo que la marca comunica a través de canales publicitarios tradicionales.

Generosidad

Como se dijo anteriormente, una empresa de servicios está inserta en una comunidad. De allí provienen sus clientes pero también sus recursos humanos. Es impensable una empresa de servicios exitosa en un contexto social deteriorado. Por eso la empresa de servicios no puede estar ajena a su entorno y debe invertir en él. El compromiso social y la distribución de recursos contribuyen a mantener su éxito a largo plazo, además de representar y fortalecer los valores humanos que la define.

Habiendo estudiado a fondo a **Café Martínez**, podemos afirmar que el éxito de la empresa puede ser explicado en gran medida a través del modelo de Leonard Berry. Eso fue lo que se concluyó en nuestra investigación académica. Los conceptos constitutivos de los nueve impulsores pueden ser encontrados a lo largo de los siguientes capítulos. No obstante, en este libro no nos remitiremos a hacer un paralelismo con este modelo, sino que trataremos de identificar matices, acentos y particularidades que el caso presenta y, fundamentalmente, contar cómo ocurrieron las cosas para poder ilustrar y comprender a través de los protagonistas del caso **Café Martínez**, cómo se construyó una marca exitosa en una empresa de servicios de esta parte del mundo.

Para ello hay que ir al comienzo de la historia.

1.4 Una historia de amor prohibido

Dejemos que el propio Marcelo Salas Martínez cuente el comienzo de la historia:

> Todo comienza con una historia de amor prohibido. Mis abuelos eran dos asturianos que llegaron a la Argentina desde España. Mi abuelo con 20 años, mi abuela con 15. Eran primos hermanos. La llegada al país fue tortuosa, les robaron todo lo que traían en el barco. Además, mi abuela llegó embarazada y al poco tiempo perdió a su primera hija. No obstante los contratiempos, fueron muy emprendedores. A mi abuelo le llamó la atención que Buenos Aires tuviera tantas cafeterías, tal vez por la fuerte influencia de la inmigración italiana. No era habitual que en una ciudad hubiera tantas cafeterías, en España no las había. Entró a trabajar en un tostadero y luego logró independizarse como vendedor de café. Instaló en la calle México al 1500 un local de venta de café verde y después empezó a investigar el proceso de tostado, antes de adquirir el actual local de la calle Talcahuano y comenzar como Café El Convidado en 1933[9].

Efectivamente, en el año 1928, los jóvenes Atilano Martínez y Justa Martínez, llegan de España a la Argentina. Atilano se inicia en el mundo del café primero como ayudante y luego como tostador en Casa Torres que era uno de los primeros tostaderos que existían en Buenos Aires. Allí conoce el mundo del café desde adentro y, cuentan sus descendientes, que "quedó seducido por el aroma y la limpieza de los granos". Es indudable que Don Atilano era también un hombre con gran visión comercial. Supo identificar una oportunidad de negocio al momento del llegar a Buenos Aires y ver tantas cafeterías. Pero además fue muy bueno desarrollando estrategias comerciales, dado que su éxito posterior como vendedor de café radicó en que su estrategia de venta se concentraba más en establecer vínculos con sus clientes que en venderles[10].

---

[9] Salas Martínez, "Living Case".

[10] La información histórica se reconstruyó a partir de distintas conversaciones con integrantes de la familia Salas Martínez.

Hoy diríamos que fue un especialista en Marketing de Relaciones.

Esta forma de hacer negocios es la que en 1933 le pone nombre al local original de la calle Talcahuano al 900, denominado "El Convidado". A pesar de que todos lo conocían como "el café de Martínez", Don Atilano le pone ese nombre porque si bien el objetivo del comercio era vender café en grano al por mayor, todo cliente era convidado con una taza de café, aprovechando así la oportunidad para poder conversar y establecer un vínculo con los clientes.

Mi abuelo tenía una personalidad magnética, la gente lo amaba, era sumamente generoso y ayudaba a todo el que podía y era además un gran cantante. Mi abuela una gran persona, una gran amiga, sus consejos eran apreciados por todos pues como su nombre lo indica era una mujer muy justa y sabía dar el consejo adecuado en el momento justo[11].

Además de sus cualidades personales, vale destacar el rol de doña Justa referido al negocio que iniciaba con su marido. Ella fue la que detectó la oportunidad de vender el producto en forma minorista al público y no solo en forma mayorista al mercado gastronómico, como se hizo originalmente.

Mi abuela vio una segunda oportunidad de negocio, la de vender café en grano o molido a la gente que pasaba por la puerta. Una verdadera visionaria y además una increíble decoradora, ella planificó detalladamente la estética que tendría el local que en los años 70 se transformó en una verdadera boutique del café[12].

El espíritu emprendedor de Don Atilano y el cuidado por los detalles de Doña Justa (Foto 1.1) son, como veremos más adelante, dos componentes clave de lo que vendría luego.

---

[11] Salas Martínez, "El Amor Como Inicio" en *Historias de un Emprendedor del Café*, 2010, consultado el 31 de diciembre de 2012, http://marcelosalasmartinez.blogspot.com.ar/

[12] Salas Martínez, "El amor como inicio".

Foto 1.1: Los jóvenes Atilano y Justa Martínez. Gentileza de Café Martínez.

La única hija del matrimonio se recibió de doctora en psicología y fue exitosa en su carrera. Se cumplía el ansiado sueño de muchos inmigrantes: el hijo profesional, pero como contrapartida, el negocio se quedaba sin continuidad. Con la desaparición física de Don Atilano en 1975, Casa Martínez, tal su nombre por entonces, comenzó a languidecer.

El negocio siguió manejado por un socio de Don Atilano que había comprado un porcentaje del mismo con su trabajo. Doña Justa y su hija no intervenían en la operación, sólo cumplían funciones de control de la sociedad.

La falta de inversiones hizo que la declinación fuera evidente. El local que en algún momento se convirtiera en aquella "boutique" del café (ver Foto 1.2), mostraba signos evidentes de deterioro: "El negocio (de la calle Talcahuano) estaba bastante roto. Si el local hubiese sido una sonrisa, sería una sonrisa a la que le faltaban unos cuantos dientes.[13]"

---

[13] Salas Martínez, "Living Case".

Foto 1.2: Local de la firma en la calle Talcahuano en la década del 60. Gentileza de Café Martínez.

Lo que se venía era el destino triste de tantos negocios familiares que en algún momento habían sido exitosos.

1.5 La Maldición no se Cumple

"Su abuelo la fundó, su padre la hizo crecer y él la fundió." Ese dicho popular es el estigma de la famosa "tercera generación" en las empresas familiares. Abundan las estadísticas que hablan de un fenómeno preocupante de mortalidad de este tipo de empresas y no se trata de un fenómeno local, sino global que en verdad no es propio de la mal afamada tercera generación, sino que tiene que ver con la poca capacidad de este tipo de organizaciones de prolongarse en el tiempo. Según el Institute for Family Enterprise de Canadá, menos del 20% de las empresas familiares trascienden exitosamente a la segunda generación y menos del 5% llegan a la tercera[14].

---

[14] PricewaterhouseCoopers , "CEO Argentina", *Hot Topics*, Año 3, N°8, 2007.

En este caso la historia fue diferente.

En 1990 el socio de don Atilano decide vender su parte y los nietos del fundador toman una decisión: proponerle un plan de pagos y quedarse con el ciento por ciento de la compañía.

Por ese entonces Marcelo estudiaba psicología continuando la tradición familiar de su madre y también de su padre que era médico y psicólogo. Durante el verano trabajaba en el negocio familiar. Para ese entonces, su hermano Mauro ya se había sumado a trabajar en la empresa.

> Empezamos con muchas ganas y mucha pasión a ver qué podíamos hacer con el negocio. Y era todo un desafío. Lo primero que hicimos fue sacar cosas que no se vendían, como cacharros de cobre y cosas para preparar el café. Empezamos a pensar que se podía vender el café en pocillo, fundamentalmente el tipo de café de calidad que teníamos en las tolvas. Lo primero que hicimos fue pedirle al famoso pintor "fileteador" Martiniano Arce que hiciera un cartel que decía "Tome Café Súper Martínez". Así empezamos[15].

Pero lo que harían luego sería mucho más que un pequeño cartel para el revivir al viejo local. No sólo lo revitalizaron, sino que crearon, con simpleza, un concepto totalmente nuevo y una marca reconocida. De eso trata la siguiente parte del libro.

---

[15] Salas Martínez, "Living Case".

Segunda Parte

Simpleza

Introducción

Algunos años antes de que comenzáramos esta investigación en profundidad sobre **Café Martínez**, varias veces invitamos a Marcelo Salas Martínez a dar charlas al Posgrado en Marketing de la USAL. Su presencia concitaba la atención de los alumnos, dado que ya en ese entonces **Café Martínez** era una marca reconocida, especialmente en Buenos Aires y alrededores. Todos estaban esperando que contara los secretos, aquello que no era evidente y que permitiera entender cómo había hecho Martínez para llegar a ser esa marca ya por entonces valiosa. Sin embargo, la presentación discurría por otro lado: la bondad, el entusiasmo, el propósito, el desafío, el logro. ¡Qué extraño resultaba traer a un empresario exitoso y que hablara de estos temas, en vez de alardear sobre cómo habían superado a competidores de todo tipo! Una actitud tan propia en el mundo de los negocios.

Lo que sucedía en nuestra facultad era algo aparentemente habitual en las presentaciones en las que eran invitados a contar su historia. Claudia, hermana de Marcelo, lo describe así:

Nos pasa en las conferencias. Vamos a muchas charlas en las que junto a otros empresarios y emprendedores nos toca contar nuestra experiencia. Los otros empiezan mostrando números, indicadores, con una actitud de "acá estoy yo" y nosotros empezamos: "Bueno… en nuestro caso…nuestro abuelo empezó con el café y a partir de allí…"[1].

En otras palabras, contaban la historia de manera simple, porque los Martínez son gente simple, en el mejor sentido de la palabra. Simple como lo opuesto a rebuscado, complicado o pretensiosamente sofisticado. Y son simples no solo como forma ser, sino en la concepción del negocio que pusieron en marcha.

En una de las oportunidades que Marcelo hizo una presentación sobre el caso **Café Martínez** en la facultad, alguien le preguntó sobre cómo habían logrado desarrollar un modelo de franquicia tan exitoso (tal como lo veremos desarrollado en detalle el Capítulo 6). Y fue allí cuando Marcelo comenzó a dar pistas sobre uno de los principales conceptos subyacentes al éxito de su modelo de negocios. Respondió, "Lo que le ofrecemos al franquiciado es un concepto simple, que sin grandes complejidades, con poco personal, le permite ser dueño de un negocio dejándole un importante margen de su venta"[2].

Fue en ese momento que hizo alusión a la simpleza como concepto de diseño, mencionando al ya aludido "concepto del erizo" de Collins como forma de estrategia competitiva: "**Café Martínez** como el erizo, es simple".[3]

Es verdad que la simpleza no es el único camino posible, ni necesariamente el mejor. Es el que ellos eligieron años atrás. Últimamente, en el mundo de los negocios la simpleza ha sido revalorizada porque ha

---

[1] Claudia Salas Martínez, entrevistada por integrantes del equipo de investigación, 23 de septiembre de 2011.
[2] Marcelo Salas Martínez, "Living Case" (presentación, Facultad de Ciencias de la Administración de la Universidad del Salvador, 3 de noviembre de 2011).
[3] Salas Martínez, "Living Case".

habido casos emblemáticos de éxito relacionados con dicho concepto. Tal vez el caso más paradigmático sea Apple.

Lo cuenta muy bien Ken Segall en su libro sobre Apple y particularmente sobre Steve Jobs, cuyo título podría traducirse libremente como "Exageradamente simple, La obsesión que impulsa el éxito de Apple"[4]. Allí cuenta como Steve Jobs creía de manera casi religiosa en el poder de lo simple. En verdad, la simpleza fue un concepto que acompañó a Apple desde el mismo comienzo de la empresa, es decir la época de los dos Steve: Jobs y Wozniak. Lo decía muy bien un viejo aviso sobre la iMac: "Simplemente increíble, increíblemente simple". Sin embargo, sería un error asociar simpleza con facilidad. Esto lo explican muy bien aquellos que han trabajado en Apple, y en particular cerca de Jobs. Cuenta Segall en su libro las tensas reuniones en las que sus ingenieros le presentaban prototipos y él los rechazaba con el recurrente argumento de que no eran lo suficientemente simples. Y otra vez a rediseñar, una vez más.

Lo bello de lo simple está en que parece perfectamente natural. Pero la perfección no es algo sencillo de obtener. Lo que luce simple desde afuera requiere mucho trabajo interno. Vemos de qué manera simple y natural un músico ejecuta un instrumento o un deportista lleva a cabo una jugada. Mirándolo desde afuera parece fácil de imitar por cualquiera, sin embargo no lo es, porque ignoramos el trabajo silencioso e invisible previo, que está oculto a los ojos del que solo observa el resultado final. Lo complejo es simple cuando lo lleva a cabo el virtuoso porque la simpleza no es una meta, sino una destreza, la de hacer que otros perciban como simple algo que tiene una naturaleza compleja. Se podrá decir que la estrategia de defensa del erizo es simple, pero no que el erizo es un ser viviente simple como una ameba.

---

[4] Ken Segall, *Insanely Simple: The Obsession That Drives Apple's Success* (Penguin Group, 2012).

La simpleza no está entre los principios declarados de **Café Martínez**, porque más que un valor, es la habilidad con la que lograron construir un concepto genuino, honesto, diferente y fácil de transmitir tanto a clientes como a franquiciados.

Tal vez como clientes, e incluso en general como personas, preferimos la simplicidad dado que vivimos en un mundo sumamente complejo, en el que lo simple no es fácil de encontrar. Y es sabido que lo que no abunda, se vuelve deseado. Tal vez allí radique el éxito de lo simple.

Lo más maravilloso del caso **Café Martínez** es que fueron precisamente los clientes los que hicieron de él un éxito que se construyó sin publicidad, de taza en taza, de boca en boca. Lo que demuestra que cuando el producto está bien diseñado y responde a lo que el cliente busca, las probabilidades de éxito son elevadas. Vale recordar lo que escribiera Peter Drucker, "El propósito del marketing es conocer y entender al cliente tan bien, que el producto o servicio se venda por sí mismo"[5].

Veamos cómo lo hicieron en **Café Martínez**.

---

[5] Peter Drucker, *Management: Tasks, Responsibilities, Practices,* 1era edición (Truman Talley Books- E.P. Dutton, (1986), 49.

Capítulo 2

La construcción de la marca

2.1 El servicio siempre es promesa

Para poder entender cómo hizo **Café Martínez** para construir una marca exitosa, tenemos que comprender primero la naturaleza del sector en el que la empresa se desenvuelve. El mundo de los servicios es muy heterogéneo, algunos como la cafetería, van dirigidos a las personas, también la peluquería, la hotelería, las líneas aéreas. Otros, van dirigidos a las posesiones de las personas: como la misma línea aérea, pero en su negocio de transporte de cargas, el banco con el resguardo y las inversiones de los activos financieros de sus clientes y la tintorería con la limpieza y el cuidado de la vestimenta por citar algunos. Por otro lado, algunos servicios se llevan a cabo a través de acciones visibles: la cafetería, a través del pocillo de café que acerca la camarera o la peluquería en el cambio que introduce con el corte de pelo; sin embargo, no es visible la acción que el banco hace sobre nuestros fondos o el servicio que la empresa de seguros da sobre nuestras pertenencias o el servicio que una universidad da a nuestro intelecto. Sin embargo, aunque son tan distintos entre sí estos servicios, están igualados por su naturaleza intrínseca: el acto de servicio que es siempre intangible, ya sea que esté dirigido a las personas o a sus pertenencias; ya sea que sus acciones son visibles o no.

¿Qué se lleva un cliente de una línea aérea, un hotel, una tintorería, una peluquería o un banco? Nada que no sea a sí mismo o a las pertenencias que llevó al servicio. Hay algunos servicios, como el que nos ocupa en este trabajo, que por sus características pueden prestarse a confusión. Alguien podría argumentar que en una cafetería el cliente "se lleva puesto" lo que consumió en el lugar. O sea que lo que hace la cafetería es "fabricar" un producto que el cliente "consume". Sin embargo es importante preguntarse qué es lo que el cliente busca y qué es lo que encuentra en una cafetería. El cliente no va en busca de un producto (café), sino que va en busca de un lugar (cafetería) en el que consumir ese producto. Ese lugar puede ser más o menos apropiado desde el punto de vista ambiental, además el personal podrá ser más o menos "servicial" y desde luego el café podrá estar mejor o peor preparado. Efectivamente, el cliente consume el café, que es un producto y "se lo lleva puesto", pero en la cafetería recibe un servicio que impacta en su percepción a través del modo en que es preparado el producto a consumir, la manera en que es atendido y el ambiente en el que lleva a cabo dicho consumo. El café es un producto que puedo comprar, como tantos otros, en el supermercado y preparar y consumir en el hogar o en el trabajo. Sin embargo el negocio de la cafetería es el negocio de la experiencia del consumo de café, una experiencia en la que intervienen muchos factores, entre los que podemos nombrar el propio café, el ambiente, el personal y hasta el resto de los clientes, todos ellos con capacidad para hacer que la experiencia individual se vea afectada, para bien o para mal.

Lo que produce un servicio no se puede "envolver" en un paquete, por más grande que sea. El servicio no se puede "agarrar con la mano", como ya dijimos, es intangible y por tanto al recibir un servicio, el cliente no obtiene la posesión de un bien físico. Alguien podría exclamar: "¡Cómo que no obtiene la posesión de un bien físico, si cuando pide el café lo tiene en sus manos!" La diferencia está en que lo que tiene entre manos es un pocillo de café, pero no el servicio que le da la cafetería, que, como dijimos incluye todos los factores que ya hemos mencionado en el párrafo anterior.

En servicios, lo único que se lleva el cliente es un recuerdo que puede estar influido por el hecho de que la camarera fue cordial y rápida en el pedido, que el lugar estaba ambientado de una manera cálida que invitaba a quedarse y que además tenía acceso *wi-fi* para poder conectarse a Internet y poner un comentario en el muro de Facebook de un amigo antes de ir a su trabajo. Ah... y sumado a eso el café, que por cierto era muy rico.

Ese es el gran desafío que propone la intangibilidad para empresas como **Café Martínez** que se desempeñan en el mundo de los servicios ¿Cómo convencer al cliente sobre lo bueno que somos en lo que hacemos, si el acto de servicio es en esencia intangible?

En la Figura 2.1 puede verse que la naturaleza intangible de los servicios dificulta tanto el proceso de evaluación del cliente como el proceso de comunicación de la marca.

Figura 2.1: Cómo el grado de tangibilidad afecta la evaluación del cliente.
Fuente: adaptado de Valarie A. Zeithaml, *How Consumer Evaluation Processes Differ Between Goods and Services, en Marketing of Services,* ed. J.H.Donelly y W.R.George, (Chicago: American Marketing Association, 1981). Traducción del autor.

El eje horizontal indica el grado de tangibilidad de los atributos con los cuales un cliente puede evaluar un producto o servicio. Hacia la izquierda tenemos los atributos con características más tangibles y hacia la derecha los más intangibles. Naturalmente, la mayoría de los productos se situarán más a la izquierda y los servicios más a la derecha, dado que, como hemos visto, en éstos últimos predomina la intangibilidad.

Este esquema nos permite sacar varias conclusiones interesantes. En el mundo de los productos físicos, si bien no todos los atributos que los componen son tangibles (dado que hay atributos relacionados con la imagen que transmite la propia marca, que pertenecen al mundo de lo intangible y que tienen fuerte influencia en la decisión de compra), el potencial cliente puede establecer comparaciones entre las alternativas con la sola observación del producto de la marca A con el de la marca B. Así por ejemplo, si alguien quiere comprarse un automóvil, podrá ver su exterior, sentarse en su interior y hasta incluso hacer una prueba de manejo. Si bien es probable que no compre ese mismo auto que está probando, a causa de la estandarización fabril, el que comprará va a ser idéntico al que vio en el concesionario. El color, el diseño, los materiales y el tamaño, son algunos elementos que ayudan a tomar ciertas decisiones en la compra. Por su parte, la marca podrá comunicar publicitariamente el producto con solo mostrarlo, sea en una publicidad gráfica, en un comercial de TV o en cualquier otro medio en el que pueda mostrar al producto. La posibilidad de recurrir a algo de existencia real simplifica las cosas.

En el caso de los servicios, la situación es bien diferente. Por un lado hay servicios que sólo pueden ser evaluados a través de la experiencia de uso ¿Cómo saber si un gimnasio, un restaurante o un hotel son buenos? Podemos recurrir a la opinión de terceros, con el riesgo de que ellos tengan criterios distintos a los nuestros, o bien hacer una prueba del servicio y luego evaluar por la experiencia vivida.

El problema es que la experiencia de una sola oportunidad no garantiza en absoluto las experiencias futuras. Los servicios, además de ser intangibles son sumamente variables, dado el alto componente de participación del factor humano en su ejecución a diferencia del proceso productivo de un producto donde se puede asegurar un alto cumplimiento de las especificaciones técnicas, antes que llegue a las manos del consumidor.

En definitiva, mientras los productos son un aquí y ahora de existencia real, tangible y verificable, los servicios son siempre una experiencia incierta a futuro porque se producen y se "consumen" en el mismo momento. Un servicio no existe hasta que el cliente pasa por él y recién entonces, en el mejor de los casos, podrá evaluarlo, pero aun así no podrá asegurarse de que en el futuro vaya a tener la misma experiencia.

Este concepto es significativo porque implica que el servicio, al ser algo proyectado siempre hacia el futuro, necesita apelar a la promesa como forma de brindarle al cliente la suficiente certidumbre para que pueda tomar la decisión de compra.

2.2 El atajo de la promesa publicitaria

Imaginemos a la actual generación de dueños de **Café Martínez** situados a mediados de la década de los 90, cuando lanzaron el innovador concepto de cafeterías, pensando en cómo lo iban a difundir ¿Qué caminos tiene una empresa en general y una de servicios en particular para hacerse conocer y formular su promesa de marca? Un camino, evidentemente, es el de la comunicación publicitaria. Si bien puede requerir una importante inversión, superado dicho escollo no menor, nadie puede dudar de la efectividad que tiene la publicidad para hacer conocida a una marca, abreviando tiempos. Lo que en la jerga denominamos *brand awareness* o conciencia de marca.

Sin embargo, que una marca sea conocida a través de la publicidad, no asegura que será querida y elegida y menos aún es una garantía de que cumplirá su promesa. Como muy bien lo dice Laurence Vincent cuando habla de promesa de marca:

> Te puedes cambiar el look para que la gente piense que eres algo que no eres (…) Puedes enviar mensajes que sean atractivos a distintas audiencias y tendencias. Puedes usar palabras evocativas, imágenes y experiencias para crear la percepción de lo que aspirarías ser o de lo que quieres que otros piensen de ti. Pero eso no es lo mismo que prometer que brindarás el valor específico y que llevarás a cabo tus actividades acorde a dicha promesa[1].

Hay infinidad de ejemplos de marcas de servicios que prometen cosas como que sus clientes "siempre están primero". Sin embargo en gran cantidad de situaciones lo que los clientes verdaderamente experimentan está muy alejado de eso. Esto es especialmente frecuente en grandes empresas de servicio ¿Y por qué sucede? Sucede porque se sigue pensando al marketing y sus acciones de comunicación sin entender la diferencia entre un producto y un servicio. Hacer marketing de servicios es muy distinto a hacer marketing de producto. Tratándose de un producto, el publicista recibe la tarea de comunicar sobre algo concreto con sus puntos fuertes y débiles, de existencia previa al hecho comunicacional. A partir de allí se podrá plantear la comunicación sobre aspectos más funcionales o más simbólicos, pero sin dudas sobre la referencia cierta que es el producto ya existente. En general, primero se fabrica el producto (o se cuenta con un prototipo del mismo) y se lo comunica después.

En servicios, sin embargo, el orden es inverso. Se comunica primero y se "fabrica" el servicio después, en presencia del cliente como en el caso de una cafetería. Como hemos dicho antes, el servicio es siempre una experiencia que se proyecta a futuro y no es una referencia cierta para poder

---

[1] Laurence Vincent, *Brand Real: How Smart Companies Live Their Brand Promise and Inspire Fierce Customer Loyalty* (AMACOM, 2012).

asegurar al cliente que se cumplirá la promesa. La empresa de servicio debe asegurarse que, previo a la comunicación de esa promesa, podrá cumplirla. Debe asegurarse, además, que dicha promesa sea verificable y que cuando el cliente compare las expectativas que la publicidad le creó, las mismas sean corroboradas, o mejor aún, superadas por la experiencia que tuvo con el servicio.

En muchas oportunidades y en especial en grandes empresas, nos encontramos que lo que sucede es que los responsables de marketing prefieren no "ensuciarse las manos" verificando si los procesos de servicio al cliente, tal y como están, funcionan y permiten sostener la promesa de marca. Entienden que hacer marketing en una empresa de servicio se limita a trabajar con la agencia de publicidad en la elaboración de la mejor campaña y disponen enorme cantidad de dinero para ello. Esta mala praxis está ocasionada por una mezcla de ignorancia y comodidad, y está condenada al fracaso. Se da la paradoja de que cuanto mejor se haga la publicidad, peores pueden ser los resultados. Si se contrata a los mejores publicistas (y en la Argentina los hay muy buenos), se logrará un mensaje convincente e impactante que generará una expectativa que no siempre será convalidada por lo que el cliente verdaderamente experimentará.

A la larga esto contribuye a profundizar la erosión en la credibilidad de los mensajes publicitarios que se está registrando en los últimos tiempos. Es elocuente en este sentido un informe mundial sobre confianza en la publicidad que dice que la confianza en la publicidad en TV, revistas y diarios cayó para cada medio, un 24, 20 y 25% respectivamente en tres años[2].

Cuando **Café Martínez** tomó la decisión de hacer que su marca fuera reconocida en toda la Argentina y luego más allá de sus fronteras, no

---

[2] Variación entre 2009 y 2011. Fuente: The Nielsen Company, "Global Trust in Advertising and Brand Messages", *A Nielsen Report*, Abril 2012.

lo hizo pensando en recorrer el atajo publicitario. Tenían en claro que especialmente en servicios, la promesa que explícita o implícitamente la marca formula, sólo es contundente cuando es verificable. Enunciar una promesa no es lo mismo que cumplirla. Construir una marca va mucho más allá de una acción publicitaria. Veamos cómo lo hizo **Café Martínez**.

2.3 Sin publicidad

En el año 1994, los hermanos Salas Martínez comenzaron a pergeñar el nuevo concepto de cafetería que habrían de desarrollar y concentraron su atención en una cuestión fundamental: crear una experiencia novedosa y diferencial en el consumo de café servido. Una que tuviera al café como protagonista, pero que estuviera rodeada de otros estímulos que la hicieran memorable como experiencia para sus clientes. No pensaron en ningún momento que lo que estaban haciendo requería una importante inversión publicitaria que apoyara y diera rápida difusión a la iniciativa. Los recursos, que siempre son escasos, los dedicaron a diseñar y perfeccionar lo que luego llamarían los "Momentos Martínez", es decir, procuraron desarrollar un menú de productos acorde, un lugar acogedor y seleccionar personal que estuviera capacitado para llevar a cabo la atención.

Intuitivamente estaban llevando a cabo la construcción de una marca siguiendo los mismos lineamientos conceptuales que algunos años más tarde los académicos más prestigiosos del mundo en el campo de los servicios definirían como el modelo a seguir.

Es interesante utilizar el modelo de construcción de marca para empresas de servicio más logrado conceptualmente, creado por Leonard Berry y entender por qué lo que hizo **Café Martínez** fue exitoso. La Figura 2.2 esquematiza dicho modelo.

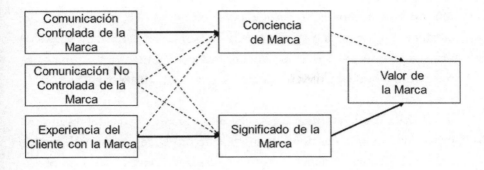

Figura 2.2: Construcción de la marca en servicios. Fuente: adaptado de Leonard Berry, "Cultivating Service Brand Equity," *Academy of Marketing Science Journal,* Vol.28 N°1, (Invierno 2000): 130. Traducción del autor.

Una empresa de servicios tiene la posibilidad de comunicar su marca con acciones que están bajo su control como son la publicidad, las instalaciones y el aspecto del personal. Berry denomina a esto "Comunicación Controlada de la Marca". En el caso de **Café Martínez,** la empresa dedicó gran atención a diseñar sus instalaciones y a darle a su personal una imagen a través de su indumentaria y arreglo, como veremos en el Capítulo 4. Sin embargo, casi nada hizo la empresa con relación al restante y más tradicional elemento de las Comunicaciones Controladas: la comunicación publicitaria ¿Cómo puede ser que sin hacer nada en este sentido haya construido una marca valiosa? Para esto debemos seguir comprendiendo lo que explica este modelo.

Además de la Comunicación Controlada, está la Comunicación No Controlada de la Marca. Esto último incluye, fundamentalmente, el boca a boca, además de los comentarios sobre la marca en prensa, sitios especializados u otros medios, no generados por la empresa. **Café Martínez** aprovechó mucho esto. Sin dudas el boca a boca fue un impulsor principal de la difusión de la marca. Los clientes que fueron pasando por sus locales y se sintieron a gusto, además de volver, no solo se lo dijeron a otros, sino que literalmente en muchos casos los trajeron, en esa costumbre tan argentina de usar al café como lugar de trabajo o negocios, de reunión con amigos o con compañeros de estudio. Así, pocillo a pocillo, el conocimiento de la marca se fue difundiendo, dado que a su vez estos otros volvieron, solos o acompañados y el conocimiento de la marca se fue difundiendo en forma lenta pero segura.

También **Café Martínez** aprovechó muy bien la etapa temprana del éxito, cuando gran cantidad de medios de prensa, escrita o audiovisual, grandes o pequeños, generalistas o especializados en negocios, empresas pyme o espíritu empresarial, se interesaron por lo que ya se perfilaba como un éxito, dando difusión del caso. Y por cierto no fue menor la tarea de difusión sobre la empresa que los dueños llevaron a cabo, participando en diversos foros y paneles de distinta naturaleza, en congresos o como invitados a universidades en las que expusieron y fueron interrogados sobre su caso. Esto lo han hecho con una dedicación y compromiso propio del que sabe que está sólo, construyendo un enorme edificio y lo hace ladrillo a ladrillo.

Es la Comunicación Controlada la que más aporta a la "Conciencia de Marca", entendida ésta como "la probabilidad de que el nombre de marca venga a la mente y la facilidad con que lo haga".[3] Es indudable que la comunicación publicitaria en una herramienta muy eficiente para lograr hacer consciente una marca en la mente de una persona. La Conciencia de Marca tiene dos niveles: el Reconocimiento de Marca y la Recordación de Marca. El Reconocimiento tiene que ver con la correcta identificación que un individuo puede hacer de la marca por haberla visto o escuchado sobre ella previamente. La Recordación es la capacidad que tiene una persona de evocar espontáneamente el nombre de marca cuando se le pide, por ejemplo, que diga marcas relacionadas con determinada categoría de productos. A la primera que menciona se la conoce como *Top of Mind*, es decir, la primera que viene a la mente.

---

[3] Kevin L. Keller, "Conceptualizing, Measuring, and Managing Customer-Based Brand Equity," *Journal of Marketing*, 57 (1993): 1.

Como ya hemos dicho, **Café Martínez** no recorrió el camino publicitario y sin embargo pudo llegar a ser una marca con muy alto reconocimiento y recordación, tal como nos lo mostró la investigación de mercado que llevamos a cabo: tres de cada cuatro encuestados mencionó a **Café Martínez** en forma espontánea al pedirle que dijera las cadenas de cafetería que conocía, proporción que se eleva entre los más jóvenes[4]. Parte de la respuesta la da el modelo que estamos analizando y que esquematiza la Figura 2.2. En él se pueden ver flechas de trazos gruesos y otras de trazos interrumpidos. Los trazos gruesos indican sólidas relaciones causa-efecto. Las Comunicaciones Controladas generan fuerte impacto en la Conciencia de Marca y si bien **Café Martínez** no realizó publicidades, debe considerarse el gran aporte del boca a boca de los clientes que fueron pasando por sus locales. Si bien este aporte no tiene la contundencia y la inmediatez del mensaje publicitario, va depositando un sedimento que se va solidificando y permite, en plazos más prolongados, construir marcas recordadas y reconocidas.

También es importante destacar la importancia que tuvo la marca usada. El nombre de marca "**Café Martínez**" es otro ejemplo en el que puede verse que el concepto de "simpleza" con el que se guiaron los Salas Martínez, dio sus frutos. Cuando lanzaron el nuevo concepto en cafetería, optaron por mantener el nombre tradicional y fue un acierto. Los nombres de marca simples facilitan la recordación porque son fáciles de leer y pronunciar, pero tienen la desventaja de no poseer una identidad que los diferencie, lo que conspira contra el reconocimiento, dado que pueden ser confundidos con otros parecidos. Martínez es un apellido español familiar y frecuente en la Argentina, por lo que nadie tendría problemas de leerlo y pronunciarlo como nombre de marca, pero no tendría gran identidad. Sin embargo el conjunto "café-martínez" funciona como una nueva palabra compues-

---

[4] El 74,5% de los encuestados mencionó a Café Martínez en forma espontánea al pedirle que dijera las cadenas de cafetería que conocía. Esta proporción se eleva al 78,5% en los menores de 31 años. Encuesta a clientes de cadenas de cafeterías en el AMBA. 1069 casos con cuotas etarias a partir de 23 años. Masculinidad 51%. Realización: 1ra parte, Octubre 2011; 2da parte, Junio 2012.

ta, proveniente de dos palabras simples para el hispano parlante: "café" y "Martínez", ya con un nuevo significado semántico ligado directamente a lo que la marca representa. Sin perder la simpleza se logró la diferenciación, lo que permitió lograr altos índices de reconocimiento y recordación.

Ahora bien, al evaluar qué aspectos hacen que una marca sea valiosa para el cliente, ¿qué pesa más, lo que la empresa dice que es a través de su comunicación o lo que el cliente realmente experimenta que es? Es evidente que por más que una marca prometa implícita o explícitamente al cliente lo que le dará, más impactará lo que el cliente realmente experimentó que recibió de la marca. Por este motivo, desde el punto de vista del cliente, el verdadero valor de una marca no está tanto en que la misma sea conocida y recordable, sino en que tenga un significado o esté asociada a atributos, actitudes y beneficios positivos para el cliente, tal como lo puede verificar mediante su experiencia directa en el momento de servicio.

En palabras del propio Leonard Berry, creador del modelo:

> La marca comunicada puede generar gran conciencia de marca, estimular a que nuevos clientes la prueben y reforzar el significado de la marca en los clientes existentes. Lo que la marca comunicada no puede hacer es compensar un mal servicio. Si la experiencia del cliente con el servicio difiere del mensaje publicitario, los clientes creerán a sus propias experiencias y no a la publicidad. (…) en marketing de servicios, la decepción del cliente con la experiencia, cierra la puerta que el tradicional marketing de marca ayuda a abrir. [5]

Recordemos que en servicios la marca de una empresa es sumamente importante dado que la naturaleza intangible y variable de los mismos hace difícil su evaluación, tal como se vio al comienzo de este capítulo. La marca reduce el riesgo percibido por el cliente ante esa incertidumbre.

---

[5] Leonard Berry, "Cultivating Service Brand Equity", *Academy of Marketing Science Journal*, Volumen 28, No.1 (2000): 130.

Una marca fuerte en servicios es esencialmente una promesa de satisfacción futura. Es una mezcla de lo que la marca es, lo que otros dicen y cómo la empresa lleva a cabo el servicio, todo desde la perspectiva del cliente[6].

Es por eso que el camino que siguió **Café Martínez** fue acertado. Se concentró en asegurarle al cliente una experiencia valiosa y apostó a que dicha experiencia haría volver al cliente solo o acompañado y además recomendara el lugar. Todo esto sin un solo peso invertido en publicidad.No fue **Café Martínez** la primera ni la única empresa que usó este enfoque. Al mismo tiempo que **Café Martínez** estaba desarrollando su concepto de café gourmet, una cadena de cafeterías estaba comenzando su crecimiento explosivo en los Estados Unidos. Se trata de Starbucks. Lo interesante del caso es que si bien son dos conceptos diferentes en el mismo rubro y que la empresa norteamericana no fue el modelo de inspiración de la argentina, ambas usaron el mismo modo de construcción de sus respectivas marcas. Son muy elocuentes las palabras de Howard Shultz, creador del fenómeno Starbucks:

El éxito de Starbucks prueba que un programa publicitario multimillonario no es prerrequisito para construir una marca nacional, como tampoco son necesarios los grandes bolsillos de una gran corporación. Lo puedes hacer de a un cliente por vez, de a un local por vez, de a un mercado por vez. En verdad, ese puede ser el mejor camino para lograr la lealtad y confianza de los clientes. Mediante el boca a boca, con paciencia y disciplina, a lo largo de los años puedes elevar una buena marca local a una grandiosa marca nacional[7].

Si bien esa forma de crecimiento podría ser objetable por su lentitud, en el caso de **Café Martínez** le permitió ir ajustando progresivamente

---

[6] Leonard Berry, "Cultivating Service Brand Equity", *Academy of Marketing Science Journal*, Volumen 28, No.1 (2000): 129.

[7] Howard Schultz, Dori Jones Yang, *Pour Your Heart Into It – How Starbucks Built a Company One Cup At A Time* (Nueva York: Hyperion, 1997), 247.

su modelo de negocios y abrir los primeros cinco locales que fueron propios y en los que pudieron experimentar las variantes posibles, hasta llegar a un modelo probado que estaba en condiciones de pasar a una etapa de mayor crecimiento, nos referimos a el modelo de franquicia. Si se hubiese recurrido al estímulo publicitario, la aceleración de los tiempos hubiese puesto en riesgo el sólido crecimiento que la empresa fue llevando.

En los servicios, el crecimiento es sumamente riesgoso y si bien es algo deseable, las causas que llevan al crecimiento pueden, en ocasiones, convertirse en el comienzo del fracaso. Los servicios tienen una gran participación del factor humano, lo que implica la búsqueda, selección, capacitación y, fundamentalmente, la incorporación por parte del personal de los valores con los que la empresa se hizo exitosa y por los que desea seguir distinguiéndose, inculcándolos en los nuevos integrantes del equipo. Eso no es una pastilla que se toma con un vaso de agua y comienza a hacer efecto inmediato en las personas. Pasar de una sucursal a cinco, a diez, a veinte, a cuarenta y así sucesivamente, no es simplemente un problema de recursos económicos, es un proceso que necesariamente requiere tiempo.

2.4 La marca a través del tiempo

Como se vio en el Capítulo 1, la firma Martínez nació en 1933 como una empresa dedicada al tostado y distribución mayorista de café. En un principio el fundador, don Atilano Martínez, crea la marca El Convidado, llamada de esta manera por la estrategia de convidar a los clientes con el producto para que lo probaran mientras hacían sus pedidos. No obstante, los propios clientes prefirieron identificarlo desde el primer momento como "el café de Martínez", identidad que la empresa inmediatamente adoptó y mantiene.

Esa personalización del nombre de marca, respondía a la garantía de calidad que el propio dueño le daba a su producto. Al ponerle su apellido al negocio, el fundador asumía la mayor responsabilidad posible. Nadie mancillaría un apellido llevando a cabo su actividad de manera poco apropiada. Los señores Walt Disney, Henry Ford, Enzo Ferrari, Soichiro Honda y Salvatore Falabella son algunos ejemplos emblemáticos de esta manera de asumir el compromiso personal sobre lo que hace cada empresa y que terminaron convirtiéndose en marcas que traspasaron fronteras.

Si bien la continuidad de la firma Martínez fue ininterrumpida desde su fundación, fue en el año 1994 cuando la tercera generación hizo un profundo cambio en la empresa, ya que dejó la actividad de distribución y venta al mostrador de café para ingresar en mundo de los servicios con un nuevo concepto, el de cafetería gourmet, siendo el primero en Argentina y posiblemente en América Latina y de los pocos en el mundo en ese entonces.

El concepto gourmet está ligado con la exquisitez y los placeres en gastronomía. Un plato será considerado gourmet dependiendo de la calidad de los ingredientes y de la forma de preparación. De por sí el café expreso puede convertirse en una preparación gourmet si se parte de materia prima de calidad y si el que lo prepara es un profesional. El cafetero, también identificado como *barista,* es un verdadero artesano que detrás de una máquina expreso no automatizada, puede hacer múltiples bebidas dependiendo de las proporciones de café y leche y de los distintos tamaños, adicionando un toque personal mediante la decoración que agrega la espuma de la leche. Además, el cafetero tiene la capacidad de preparar el producto de manera personalizada para aquellos clientes frecuentes que piden "lo de siempre" o los que piden un "corto fuerte", un "mitad y mitad", un "largo liviano", por no mencionar el típico capuchino, el cortado o *macchiato,* el *latte* o café con leche, entre otros.
Sabiendo que contaban con una materia prima de excelente calidad, los Salas Martínez profundizaron el estudio sobre la preparación y la cata del café y adicionaron productos de calidad acorde para acompañarlo.

Así llegaron a una propuesta gourmet y esto fue lo que pusieron en marcha a partir del año 1994.

El nuevo concepto incluyó también el rediseño del local original, al que le dieron una cálida ambientación con revestimientos de madera y convirtieron a uno de los dos viejos mostradores de despacho de productos en una barra con unas pocas butacas. En el exterior del local colocaron una importante marquesina con reminiscencia "tropical" y crearon un peculiar logotipo que explicitaba la promesa de una experiencia gourmet, como se ve en la Foto 2.1

Foto 2.1: Marquesina de Café Martínez en la etapa gourmet. Gentileza Martínez Hnos.

Ese primer paso es una excelente muestra de que el camino del emprendedor está lleno de pruebas y errores. Así lo cuenta Marcelo:

> La verdad es que a las marquesinas las entendíamos solamente nosotros, la gente nos decía "qué lindas las manzanitas", no se veía la marca, no se entendía que era ese logo, pero uno va aprendiendo, lo que no te enseñan lo vas aprendiendo a los golpes[8].

Así, aprendiendo, transcurrieron los primeros cinco años de poner a punto el concepto de disfrutar del consumo de café en un local especializado a través de una experiencia distinta a las que por entonces se ofrecía en otros locales gastronómicos de Buenos Aires. Hasta que llegó el año 2000 y con él la posibilidad del gran crecimiento a través del modelo de franquicias. Esto impactó en la marca y llevó a una profunda reformulación de la misma.

"La expansión de la empresa a través de franquicias nos permitió crear marca, aunque hubo que adaptarla, por ejemplo dejamos de llamarnos 'el café gourmet'" explica Marcelo.[9]

La nueva identidad destaca a la marca completa en su logotipo, no solo por la tipografía usada sino por el contraste de colores: el fondo en verde inglés noche, color asociado a lo tradicional y las letras blancas, logrando una lectura clara y limpia (Foto 2.2)[10].

---

[8] Marcelo Salas Martínez, "Living Case" (presentación, Facultad de Ciencias de la Administración de la Universidad del Salvador, 3 de noviembre de 2011).

[9] Ibíd.

[10] Hubo otro logo anterior que aún subsiste en algunos locales más antiguos. Es similar al actual pero las letras están en amarillo. Este color fue cambiado por el blanco para lograr mejor legibilidad.

Foto 2.2: Exterior de un local con la identidad de marca desarrollada para la etapa de franquicia. Gentileza Martínez Hnos.

Además se agregó un monograma como isotipo, conformado por la letra M contorneada por una línea fina interrumpida por cuatro granos de café que remiten, claramente, al producto y al pie el año 1933 como referencia a la historia, tradición y respaldo de la empresa. Este isotipo además de estar presente en varios objetos del servicio, como la vajilla, posavasos y servilletas, tiene otro rasgo sobresaliente y es que resulta de gran utilidad colocado como cartelería saliente con formato de "chupetes" o "pastillas" que facilita la identificación del local para aquellos que transitan por la misma vereda donde se encuentran dichos locales y que no pueden ver la marquesina principal, colocada normalmente de frente.

Más allá de aspectos técnicos, lo importante es lo que estos elementos transmiten. En el trabajo de investigación que realizamos, un cliente frecuente entrevistado sintetizó muy concretamente algo que varios decían de distinta manera: "El logo de **Café Martínez** en sinónimo de buen café"[11]. El sueño de cualquier *marketinero* es que un cliente diga eso. Pero, ¿por qué lo dice? ¿Será tal vez porque el logo está bien diseñado? ¿O también hay algo subyacente que el logo está simbolizando?

2.5 Confianza

Tratando de anticipar tendencias globales de los consumidores, la compañía automotriz Ford realizó un estudio en el cual arribaron a la siguiente conclusión:

> La crisis financiera global. Escándalos en negocios, política y religión. Desastres ambientales, aumento de la disparidad económica y agitación. El contrato social tal como lo hemos conocido se ha roto; prolifera la falta de confianza en empresas, gobiernos y medios. Cansada de la información errónea, la gente está replanteando su relación con las compañías y las marcas, haciendo de la honestidad una nueva ventaja competitiva. Desde el punto de vista de marketing, la confianza parece algo muy básico y no innovador. Pero todos los aspectos fundamentales de la experiencia del cliente a lo largo del desempeño del producto, la innovación, el servicio al cliente y la calidad percibida, conducen a la confianza. Más importante que nunca, para construir valor de marca y diferenciación, la confianza se ha convertido en un *commodity* preciado, y su escasez en el mercado ha estimulado la demanda del consumidor [12].

La confianza o su contracara, la desconfianza, son un gran tema en la actualidad. Y hay datos que avalan la preocupación de empresas, gobiernos y todo tipo de instituciones al respecto, salvo las ONG que son las únicas que retienen cierto capital de confianza. Hay un escepticismo

---

[11] Ignacio Monti, "Un Análisis del Modelo de los 9 Impulsores de Éxito Sostenible de Leonard Berry desde la Perspectiva del Cliente" (Tesis de Maestría, Universidad del Salvador, 2012), 61-2.

[12] Ford, "Looking Further With Ford 13 Trends For 2013", 7, http://media.ford.com/images/10031/FordTrendBook2013.pdf (consultado el 31 de diciembre de 2012).

generalizado que viene de lejos y que se está acentuando [13]. Y esto, desde luego, afecta a las marcas. En 10 años a partir de 2001, la confianza en las marcas ha caído un 50%. Hoy en promedio, la gente confía en una de cada cuatro marcas[14]. Un 80% dice que le cree menos a una marca cuando comunica valores contradictorios[15].

Lo explica muy bien uno de los investigadores que participó en el estudio de **Café Martínez**:

La confianza, tal como lo define la Real Academia Española es la "esperanza firme que se tiene de alguien o algo" y qué mejor escenario que el de los servicios para validar esta definición, donde el usuario debe poseerla en una instancia previa a vivir la experiencia. Podemos decir que confiar implica tener la certeza o al menos presuponer con cierta seguridad que el otro es capaz de cumplir sus promesas tanto implícitas como explícitas y que está dispuesto a hacerlo, ya que de no cumplir el consumidor no será satisfecho y el proveedor del servicio no estará forjando relaciones basadas en la confianza y por ende no podrá trascender y perdurar en el tiempo tal como lo plantea Leonard Berry [16].

Se debe usar la marca como la base para crear relaciones de confianza con los clientes. La marca debe ser creíble en las promesas que realiza. Y para que la promesa sea creíble, el que la da debe generar en el destinatario la confianza suficiente, pero debe asegurarse previamente de que la puede cumplir. Y esto no se hace de una vez con un eslogan creativo, sino día a día, cliente a cliente.

---

[13] Casi el doble de países son en 2012 escépticos respecto de 2011. En varios países con economías desarrolladas se ven caídas de dos dígitos en la confianza en las empresas. Fuente: Edelman Trust Barometer, "Global Results 2012", http://trust.edelman.com/trust-download/global-results/ (consultado el 31 de diciembre de 2012).

[14] Ford, "Looking Futher".

[15] Ibíd

[16] Matías Vannelli, "Validando el Modelo de Éxito de Leonard Berry en una Empresa Argentina" (Tesis de Maestría, Universidad del Salvador, 2012), 7.

Cuando le preguntamos a algunos clientes frecuentes de **Café Martínez** si le tenían confianza, nos respondieron cosas como las siguientes: "el saber que está hace bastante tiempo y tiene tantas sucursales me da confianza" [17]. "[Me da confianza porque] si le digo a alguien 'vamos a tomar un café', yo estoy seguro que [en **Café Martínez**] el café va a estar bien" [18].

Nuestra investigación nos dio otro indicio interesante: de todas las cadenas competidoras, **Café Martínez** es la que tiene la mayor proporción de público fidelizado, es decir, con alta frecuencia de concurrencia a sus locales [19]. Esto puede ser tomado como un buen indicador de confianza porque un consumo frecuente exige confirmar en forma permanente las expectativas del cliente, y esa es la prueba más fehaciente de que la confianza se renueva constantemente. En palabras de un cliente: "[me merece confianza] porque lo he probado tantas veces... y siempre ha sido bueno" [20].

La confianza en la promesa es de tal grado, que los clientes no necesitan la verificación de la expectativa a través de la experiencia concreta. El solo contacto con la marca los lleva a vivir una sensación satisfactoria. "Ya sólo venir a **Café Martínez** te pone en un lugar de buena calidad" [21].

---

[17] Entrevista en profundidad en sucursal San Miguel (Pcia. Bs. As.) de Café Martínez a cliente de, género: femenino, rango etario: 20-30 años, entrevistado por Raúl Torqui el 22 de junio de 2012.

[18] Entrevista en profundidad en sucursal Luis Ma. Campos (Cap.Fed.) de Café Martínez a cliente masculino, rango etario: 31-45 años, entrevistado por Guillermina Varzan, 22 de junio de 2012.

[19] El 20,5% de sus clientes concurre más de 3 veces por semana. Encuesta a clientes de cadenas de cafeterías en el AMBA. 1069 casos con cuotas etarias a partir de 23 años. Masculinidad 51%. Realización: 1ra parte, Octubre 2011; 2da parte, Junio 2012.

[20] Entrevista en profundidad en sucursal Olazábal (Cap.Fed.) de Café Martínez a cliente masculino, mayor a 46 años, entrevistado por Ana María Eberle, 24 de junio de 2012.

[21] Entrevista en profundidad en sucursal Luis Ma. Campos (Cap.Fed.) de Café Martínez a cliente de género masculino, rango etario: 31-45 años, entrevistado por Guillermina Varzan, 22 de junio de 2012.

Son varias las evidencias que encontramos en **Café Martínez** respecto de respetar al cliente y, como consecuencia, ganar su confianza. Un caso emblemático tiene que ver con el abandono del posicionamiento como "café gourmet".

Cuando la familia Martínez decide pasar al modelo de franquicia, tomaron conciencia de la imposibilidad de seguir con la promesa de una experiencia artesanal. Era el momento del cambio de logo de **Café Martínez** y el abandono del eslogan "El Café Gourmet". Marcelo cuenta así lo sucedido:

> Al hacernos más masivos fuimos sinceros con el cliente. Éramos conscientes de que no le podíamos hacer vivir más una experiencia gourmet. Uno tiene que tomar conciencia de eso y no mentirle al cliente. No somos más un producto gourmet especial, vendido en una tienda especial. Nuestro compromiso es mantener la mejor calidad posible que a la vez nos permita expandirnos. Nunca vamos a hacer producto de mala calidad, pero [lo que ofrecemos] no es gourmet. Gourmet es un producto recién hecho, casi a la medida de quien lo pidió. Con el café podríamos seguir siéndolo, porque sobre el café podemos seguir manteniendo los controles de calidad y su preparación es artesanal. El límite para lo gourmet es la pastelería, la sandwichería, porque es muy difícil sostener eso de manera artesanal en una cadena[22].

Una marca no es lo que dice ser sino lo que los clientes experimentan que es. Si la empresa, no obstante eso, procura transmitir algo que no es, pierde su principal activo que es la confianza del cliente. Y sin confianza no hay credibilidad y sin credibilidad no hay promesa de marca que funcione. Como los servicios son siempre promesas a futuro, sin la confianza de sus clientes no hay empresa de servicios perdurable en un sector competitivo como el que le toca a **Café Martínez**. Esta es una

---

[22] Salas Martínez, "Living Case".

buena noticia especialmente para los pequeños emprendedores en este mundo de los servicios. No se necesita contar con cuantiosas inversiones en publicidad para poder construir una marca. Tampoco se necesita ser una gran corporación, por el contrario, hoy éstas por el solo hecho de serlo son vistas con escepticismo por el público. Lo que se necesita para construir una marca duradera tiene que ver con lo que el cliente vive cotidianamente en sus momentos de contacto con la empresa. Seguramente sea un proceso más lento y tedioso pero conduce a construir una marca valiosa y duradera.

Cómo hizo **Café Martínez** para manejar esos momentos cotidianos de contacto, lo veremos en el Capítulo 4. A los elementos que componen el valor de una marca los examinaremos detalladamente en el capítulo siguiente.

Capítulo 3

Valor de la marca en servicios

3.1 Un inmenso sector, pocas marcas valiosas

La actividad de los servicios es en el mundo entero la que más proporción genera del producto bruto interno global. El 63,4% del PBI mundial lo generan los servicios con países como Estados Unidos donde participan con el 79,6% y en la Argentina con el 58,2%[1]. Si analizamos la generación de empleo, la importancia de los servicios es aún mayor. Por ejemplo, en la Argentina el 75,5% de la población ocupada se desempeña en el sector de los servicios[2].

Sin embargo, cuando analizamos la participación de marcas de servicios dentro del conjunto de marcas globales más valiosas, vemos que su importancia es menor. Según rankings globales sólo 7 de las 25 marcas

---

[1] Datos estimados para 2011. Fuente: Central Intelligence Agency, "The World Factbook 2012", https://www.cia.gov/library/publications/the-world-factbook/index.html (consultado el 4 de enero de 2013).

[2] Datos para 2010 de treinta y una aglomeraciones urbanas. Fuente: Comisión Económica para América Latina y el Caribe (CEPAL), *Anuario estadístico de América Latina y el Caribe*, 2011 (Santiago de Chile: Publicación de las Naciones Unidas, 2012), 42.

globales más valuadas en términos económicos, corresponden a servicios y en realidad algunas de ellas son empresas tanto de productos como de servicios[3].

¿Por qué sucede esto? Una respuesta podría ser que parte de las actividades de servicios no necesitan una marca para llevar a cabo su actividad, como podrían ser los servicios gubernamentales. O que algunas empresas de servicio público (equivocadamente) no se preocupan por construir marcas dado que funcionan en mercados protegidos o incluso monopólicos. O que es natural que haya más marcas de productos dado que una misma empresa puede tener varias marcas valiosas, como sucede en productos de consumo masivo. Todas estas y otras más pueden ser respuestas valederas, pero la desproporción es tan grande que nos lleva a pensar que hay otros motivos que hacen que en un mundo tan vasto como el de los servicios, haya tan pocas marcas que se destaquen.

Coincidimos con lo que sugieren algunos investigadores, en cuanto a que si bien muchas empresas de servicio han hecho bastante por generar conciencia de marca a través de acciones publicitarias, paradojalmente esto no ha hecho otra cosa que elevar expectativas en los clientes que luego los hechos han demostrado ser excesivas. Como vimos en el capítulo anterior, sólo la experiencia del cliente genera genuino valor de marca[4].

La evidencia empírica demuestra que en servicios no hay casos em-

---

[3] En el ranking aparecen las siguientes empresas ocupando los puestos indicados con numeral: #3 IBM, #4 Google, #7 McDonad´s, #13 Disney, #20 Amazon, #23 H&M, #24 American Express. Fuente: Interbrand, "Interbrand Best Global Brands 2012", *Global Brands Report, the definitive guide to the world's most valuable brands,* http://www.interbrand.com/Libraries/Press_Release/BGB_Press_Release_FINAL.sflb.ashx (consultado el 4 de enero de 2013).

[4] Sobre el tema ver: Leslie de Chernatony, Susan Segal-Horn, "The criteria for successful services brands", *European Journal of Marketing,* Vol. 37 N°:7/8 (2003): 1095.

blemáticos de marcas que hayan logrado generar vínculos con sus clientes como algunas de producto. No sorprende que casi al tope de las marcas globales de mayor valuación esté Apple, que ha logrado ser más un culto que una marca. A través del tiempo se prestó gran atención al fortalecimiento del valor de las marcas *(branding)* de productos y poco a las de servicios. Si bien hoy ya no se discute que hacer marketing de productos es diferente a hacer marketing de servicios, los modelos para desarrollar marcas de servicio vigorosas han venido con posterioridad.

Al utilizar modelos de *branding* pensados para productos, muchas empresas de servicio han pasado por alto el hecho de que la ejecución de una estrategia de marca exitosa tiene que considerar la naturaleza de los servicios, si es que quieren, como **Café Martínez**, crear marcas que generen vínculos emocionales sólidos con sus clientes.
Comprender este desafío les permitirá dar el primer paso para construir marcas valiosas.

3.2 El desafío para las marcas de servicio

Por empezar, vale recordar que el concepto de marca es el mismo tanto para productos como para servicios. Si bien hay varias definiciones de marca, optamos por la que la define como un conjunto de valores funcionales y emocionales que prometen una particular experiencia al cliente[5]. La diferencia entre productos y servicios no está en la definición sino en la ejecución de la estrategia. En productos, el conjunto de valores puede ser controlados con eficiencia a través de los sistemas de producción, comunicación y distribución. Como hemos visto en el capítulo anterior, al interpretar a la marca como promesa, muchos *marketineros* se basan en el modelo de *branding* clásico que, a través del "atajo publicitario" pretende crear conciencia de marca y estimular la expectativa haciendo fuerte hincapié en la promesa implícita o ex-

---

[5] De Chernatony y Segal-Horn, "The Criteria", 1100.

plícita. No obstante, muchas veces es realmente difícil alcanzar dichas expectativas en los momentos en que el cliente experimenta el servicio. Recordemos que los productos "existen" antes de ser comunicados, mientras que los servicios son siempre una "promesa a futuro" y por lo tanto, posteriores a la comunicación que los pretende difundir. No hay posibilidad de control previo. La realidad de la experiencia del cliente es la que determina si el valor prometido fue realmente entregado y eso ocurre en presencia del cliente en el preciso momento en que éste recibe el servicio.

Tenemos que entender que esta circunstancia inevitable de ser "promesas a futuro" hace que la marca sea algo fundamental para una empresa de servicios, más aún que para empresas de productos donde la tangibilización da al cliente elementos para evaluar la verosimilitud de la promesa. Como dicen McDonald, de Chernatony y Harris, cualquier marca de servicios está basada en:

> [L]a manera en que la empresa hace las cosas y en los valores y la cultura de la empresa. Esto significa que la personalidad de marca no puede ser diseñada por el departamento de marketing, sino que depende de toda la compañía[6].

La cultura corporativa juega un importante rol, dada la manera en que influye en el comportamiento del personal a cargo de brindar el servicio, quienes en última instancia, son la verdadera y tangible "personalidad" de la marca ante el cliente. Si bien lograr una cultura vigorosa para conseguir una marca exitosa y duradera se presenta como un desafío importante, la retribución no será menor. A diferencia de los productos, que son fáciles de imitar o directamente de copiar, los servicios son mucho más difíciles de copiar porque dependen precisamente

---

[6] Malcolm H.B. McDonald, Leslie de Chernatony, Fiona Harris, "Corporate marketing and service brands - Moving beyond the fast-moving consumer goods model", *European Journal of Marketing*, Vol. 35 N°: 3/4 (2001):.345.

de una cultura que es la que a la larga define las actitudes y aptitudes del personal.

Luego de que a partir de mediados de los '90 **Café Martínez** mostrara el camino de que la experiencia de tomar café podía ser diferente a lo que se conocía hasta entonces, varios fueron los competidores que trataron de seguir el mismo camino. Algunos lo hicieron con argumentos propios. Otros varios trataron de reproducir un entorno similar dentro del local, es decir, trataron de copiar lo visible, creyendo que de esa manera podían presentar una propuesta competitiva, al menos desde la imitación, estrategia propia del seguidor. Sin embargo fracasaron porque les faltó lo principal, que es invisible y que está en el alma del servicio: una cultura vigorosa, con valores que sustenten lo que la marca promete.

Esta cultura empresarial es condición necesaria aunque no suficiente para lograr una marca valiosa. Es la plataforma sólida sobre la que se construye el edificio de la marca, pero luego hay otros elementos que aportan a la construcción. Veremos cuáles son.

3.3 Cómo agregar valor a la marca

Para entender qué debe hacer una empresa de servicios para agregarle valor a su marca, recurriremos nuevamente a Leonard Berry, en este caso a su modelo de cultivo de valor de marca para empresas de servicio, esquematizado en la Figura 3.1.

Figura 3.1: Modelo de Cultivo de Valor de Marca *Fuente:* adaptado de Leonard
Berry, "Cultivating Service Brand Equity," *Academy of Marketing Science Journal,*
Vol. 28 N°1, (Invierno 2000): 131. Traducción del autor.

El modelo destaca cuatro elementos fundamentales que contribuyen al
valor de una marca de servicios. Veámoslos uno a uno.

Atreverse a ser diferente

"Las empresas de servicio que tienen las marcas más fuertes, revelan un
esfuerzo consciente por forjar una personalidad de marca distintiva (...)
Invención más que imitación guían los esfuerzos de la marca"[7].

Ser diferentes implica ocupar un espacio vacante y es deseable además
que ese lugar ocupado sea claro. Es lo que algunos denominan poseer
un posicionamiento focalizado. En una época en la que el público está

---

[7] Leonard Berry, "Cultivating Service Brand Equity", *Academy of Marketing Science Journal,*
Volumen 28, No.1 (2000): 131.

siendo bombardeado por múltiples estímulos de comunicación, ser igual significa pasar desapercibido. Hay que ser distinto y eso debe ser posible comunicarlo en forma clara y simple, fácilmente entendible. No necesariamente a través de la publicidad sino fundamentalmente a través de la experiencia del cliente, donde esta suceda, lo que incluye desde las instalaciones hasta el personal. Elegir qué se quiere ser implica elegir algo, no múltiples cosas, no se puede ser "todo para todos".

Existían en Buenos Aires una enorme cantidad de bares, pizzerías y restaurantes en los que, si bien servían café no se le prestaban al producto la debida atención. El producto no era el centro ni procuraban crear una cultura del consumo del café. Sólo había algunas pocas excepciones de cafeterías más especializadas en las que desde sus orígenes los clientes parados en las barras, tomaban café de filtro en pocillos ya puestos sobre el mostrador y que después devinieron a café expreso, siempre privilegiando un servicio expeditivo, de parado o "al paso", tal como se lo conocía. Tampoco era habitual que se experimentara con diferentes tipos de café o con diferentes formas de preparación.

Cuando **Café Martínez** decide dejar de ser una productora y distribuidora mayorista de café para locales de gastronomía, cambia la naturaleza de su negocio pero no deja de tener en claro que su eje seguía siendo el café. Cuenta Marcelo Salas Martínez:

> Uno de los grandes motivadores que nos llevó al diseño de las cafeterías fue el hecho de que vos entraras a tomar café y no salieras con olor a *filet* de merluza o a pizza, que era lo que pasaba en los pizza-café de Buenos Aires, que además eran nuestros clientes. El otro de los motivos fue que nosotros creíamos vender un café de calidad y por eso dijimos, vamos a vender café como nosotros creemos que hay que venderlo y allí nació la decisión[8].

---

[8] Marcelo Salas Martínez, "Living Case" (presentación, Facultad de Ciencias de la Administración de la Universidad del Salvador, 3 de noviembre de 2011).

Todo lo que desarrollaron luego no dejó de tener como protagonista al café. "Nos gusta desarrollar productos que permitan acompañar al café pero que nunca compitan con el café y lo pongan en segundo lugar", agrega Marcelo[9]. Dice al respecto el Manual de cultura Martínez: "Todos los que formamos parte de **Café Martínez** proponemos destacarnos por el cuidado especial que le damos al café, somos especialistas en café por conocimiento y tradición"[10].

Se pudo verificar que esta intención de **Café Martínez** de ser diferentes a través de privilegiar al café en su propuesta es claramente percibida por los clientes. En las entrevistas en profundidad realizadas a clientes frecuentes de la cadena, el café fue claramente el aspecto más valorado. Cuando preguntamos ¿qué es **Café Martínez**? "Café de Calidad" fue una de las respuestas más habituales. Como lo sintetizó inmejorablemente un cliente: "El café de **Café Martínez** es el mejor"[11]. Además, estas apreciaciones fueron validadas estadísticamente mediante encuestas. En ellas surgió que **Café Martínez** recibe la calificación más alta que cualquiera de sus competidores al dar los clientes su grado de acuerdo con la afirmación "La calidad del café que sirven es muy buena"[12].

Determinar su propia fama

Una compañía de servicios con una marca fuerte representa algo que es importante para su target de clientes; la marca no solo se diferencia de marcas competidoras, sino que representa en el mercado una oferta

---

[9] Marcelo Salas Martínez, "Living Case" (presentación, Facultad de Ciencias de la Administración de la Universidad del Salvador, 3 de noviembre de 2011).

[10] Información obtenida con autorización de Martínez Hnos. del Manual de Cultura de Café Martínez, Módulo La Empresa, de circulación interna.

[11] Entrevista en profundidad en sucursal San Miguel (Pcia. Bs. As.) de Café Martínez a cliente de, género: masculino, rango etario: 20-30 años, entrevistado por Raúl Torqui el 22 de junio de 2012.

[12] La calificación de este atributo para Café Martínez fue de 4,33 puntos en una escala 1-5. Encuesta a clientes de cadenas de cafeterías en el AMBA. 1069 casos con cuotas etarias a partir de 23 años. Masculinidad 51%. Realización: 1ra parte, Octubre 2011; 2da parte, Junio 2012.

valiosa. La marca expresa la razón de ser de la empresa. Captura y comunica aquello por lo que la compañía desea ser famosa entre sus clientes. Las compañías de servicio fortalecen el valor de su marca focalizándose en mercados con necesidades no satisfechas. Ellas realzan la experiencia del cliente haciendo algo que necesita ser hecho[13].

Café Martínez creó una categoría en servicios: la tienda especializada en café. Entendió que podía innovar mediante un nuevo concepto que brindara al cliente la posibilidad de hacerle vivir una experiencia muy novedosa, inédita hasta ese momento. Hubo en el hallazgo una mezcla de percepción e intuición, que Marcelo expresa de esta manera:

Había una necesidad [del cliente] sin dudas, por lo menos yo la sentía en mí mismo. La necesidad de ir a tomar café a un lugar que sea especialista, sin que otros olores interfirieran en la experiencia. Me pasaba a mí como cliente[14].

Como sucede con toda innovación, los inicios de la etapa de **Café Martínez** como empresa de servicio fueron inciertos.

Al principio el cambio no quedaba bien claro, la gente no entraba a tomar café. No estaba acostumbrada. Con mi hermano nos sentábamos en la barra para que la gente entendiese que ahora ahí podía tomar café. Las antiguas clientas, que eran vecinas, cuando se acercaban por primera vez a la puerta del local remozado para comprar café molido, se daban vuelta y se iban a sus casas. Pero al tiempo veíamos que venían, ahora bien vestidas, no solo para comprar café sino para tomarlo también. Poco a poco fuimos ofreciéndoles a los clientes otras cosas. Muy pocas. Además de café, medialunas y algunos cuadraditos[15].

---

[13] Berry, "Cultivating", 132.

[14] Marcelo Salas Martínez, entrevista del autor, 8 de enero de 2013.

[15] Salas Martínez, "Living Case".

Así arrancaron. Luego la siguiente reforma y con la introducción del concepto de café gourmet llegó el consumo en mesas. Y luego el formato más reciente y difundido de la franquicia, ya con una marca consolidada. Así fueron creando su propia fama y los comentarios boca a boca los hicieron crecer.

Lograr una conexión emocional

Las marcas que se conectan con las emociones de sus clientes son las que reflejan los valores más profundos de los clientes.(...) Los valores corporativos no pueden ser falsificados en el *branding* de un servicio. Los valores verdaderos de una compañía emergen a través de la propia experiencia del cliente con el servicio. Las comunicaciones de marketing no pueden establecer valores que en verdad no existen[16].

Cuenta Marcelo:
Siempre tuvimos por naturaleza tratar de relacionarnos con el cliente. Yo creo que el origen de la marca tuvo que ver mucho con eso. La oficina de mi abuelo era un centro de reunión de la comunidad asturiana, un centro de relacionamiento, como un club. El convidar con una taza de café al que venía a comprar era también una manera de reconocer al cliente. Hoy tratamos de fomentar en toda la cadena ese tipo de vínculo con clientes que vienen dos o tres veces al día y que se sienten reconocidos. El reconocimiento del cliente es una cosa muy fuerte, en general es raro que te reconozcan. Sentirse reconocidos es lo que buscan casi todos [los clientes][17].

Lo detectó uno de los investigadores de nuestro equipo que analizó las entrevistas a los clientes frecuentes:

[A]parece valorada (...) la personalización de la atención que supone el

---

[16] Berry, "Cultivating", 134.
[17] Salas Martínez, "Living Case".

reconocimiento de los clientes habituales y sus necesidades -"¿va tomar lo de siempre?"- y especialmente el vínculo emocional que expresaron algunos de los entrevistados, que también daría cuenta de la descripción positiva que los clientes hacen de los empleados de la empresa y de su atención[18].

Internalizar la marca

Dice Berry:

> Las personas que llevan a cabo el servicio son un potente medio para construir valor y significado de marca. Sus acciones con clientes transforman la visión de la marca para bien o para mal. Ellos pueden construir o destruir una marca (…) Con su desempeño en el trabajo, transforman una marca construida por el marketing en una marca basada en la experiencia del cliente. Las experiencias negativas del cliente son difíciles de superar para las empres a través de sus esfuerzos de *branding*, sin importar lo efectiva que sean sus comunicaciones de marketing. Las experiencias del cliente destacables son difíciles de imitar por la competencia, sin importar lo efectiva que sean sus comunicaciones de marketing[19].

Dice el Manual de cultura de **Café Martínez**: "El personal de una sucursal desempeña uno de los roles más importantes dentro de la compañía, ya que son ellos quienes representan a **Café Martínez** para nuestros clientes"[20].

Efectivamente, frente al cliente ellos son la personificación más cabal de la marca, por eso es importante que la internalicen, esto es, que com-

---

[18] Ignacio Monti, "Un Análisis del Modelo de los 9 Impulsores de Éxito Sostenible de Leonard Berry desde la Perspectiva del Cliente" (Tesis de Maestría, Universidad del Salvador, 2012), 63.

[19] Berry, "Cultivating", 135.

[20] Información obtenida con autorización de Martínez Hnos. del Manual de Cultura de Café Martínez, Módulo Selección y Contratación, de circulación interna.

prendan lo que ella representa, sus valores y qué significa para el cliente. Cualquier empresa sabe que debe prestarle atención al mercado de los clientes y esto lo hace con herramientas que le provee el marketing tradicional, que también podríamos llamar marketing externo. Pero una empresa de servicios debe saber que al mismo tiempo le debe prestar atención al mercado de los recursos humanos y para esto debe recurrir al Marketing Interno. Veamos de qué se trata.

3.4 Marketing interno

El personal debe entender hacia dónde quiere ir la marca, debe conocer la comunicación externa que realiza la empresa y que recibe el cliente al que están atendiendo, debe conocer, al menos en sus trazos gruesos, cómo la marca es percibida por los clientes de acuerdo a lo que indican las investigaciones de mercado. En definitiva, si como decimos, los que prestan el servicio son la personificación de la marca, ¿Es lógico concebir que estén al margen de todo aquello que está relacionado con ella? Sucede que por muchos años, el concepto de marca estuvo asociado al de producto y los operarios que fabricaban el producto poco necesitaban saber sobre la marca. Pero en servicios es distinto. Los que "co-fabrican" el servicio junto al cliente están obligados a saber lo que la marca representa, porque precisamente ellos son los representantes de la marca. Son los primeros que tienen que "comprar la marca", son los que tienen que creer en ella. Sin no creen en ella y no la "compran", difícilmente la "vendan".

El Marketing Interno provee los recursos y procesos para que la organización y particularmente el personal, esté en condiciones de cumplir lo que la marca promete. Los que trabajen en iniciativas de *branding* en empresas de servicio no pueden obviar este aspecto. La marca no sólo tiene que tener sentido para el cliente sino también para el personal. Como se ve, la construcción de una marca va mucho más allá que la construcción publicitaria convencional.

Uno de los desafíos mayores de los servicios, además de su intangibilidad, es su variabilidad dada por el alto contenido del factor humano. Esto, en modo alguno, es necesariamente una desventaja. Por el contrario es una gran virtud que permite la adaptación del servicio a las circunstancias del momento o a los deseos del cliente. Nada más contradictorio e irritante para el cliente que un servicio humano robotizado. Sin embargo, esto no quiere decir que cada empleado tiene que atender a su manera. No puede ser que de una empresa de servicio nos llevemos una opinión completamente distinta, dependiendo de quién nos atienda. Debe haber un estilo, una manera, una impronta que la marca tiene que lograr. Nos decía un cliente de **Café Martínez** "La marca transmite confianza porque siempre encuentro la misma calidad en todos lados y un servicio eficiente"[21]. Cuando eso sucede, se logra un estilo distintivo.

Si no logramos un mínimo grado de homogeneidad en el momento del servicio, es imposible que la marca logre una identidad definida. Insistimos en que homogeneidad no es uniformización o, peor aún, robotización. Significa que cada individuo que brinda el servicio lo hace sin despersonalizarse, pero en armonía con los valores de la marca. Como el músico en la orquesta sinfónica pone su carácter distintivo en la ejecución, pero sin conspirar contra la armonía del conjunto ni desvirtuar la identidad de la pieza que ejecuta.

El marketing interno debe tratar de hacer a la marca atractiva para trabajar en ella, que es distinto a hacerla atractiva para comprarla. Debe generar un boca a boca en el mercado de los recursos humanos que haga que sean las propias personas las que pugnen por trabajar en la empresa. Que haya un flujo permanente de postulantes, lo que le facilitará a la empresa elegir de entre ellos a los mejores. Luego, programas de inducción, capacitación y entrenamiento, crearán, sostendrán y mejorarán las habilidades, además

---

[21] Entrevista en profundidad en sucursal Olazábal (Cap.Fed.) de Café Martínez a cliente de, género: masculino, rango etario: mayor a 46 años, entrevistado por Ana María Eberle, 24 de junio de 2012.

de que ayudarán a lograr mayor compromiso del personal. En esta instancia el marketing interno debe participar reforzando el mensaje, valores e identidad de la marca en cada instancia de capacitación. Luego, en forma continua, es tarea del marketing interno mantener una fuerte comunicación con el personal, entendiendo que no solo es foco del marketing el cliente externo sino también el interno. Aclarado esto, volvamos a ver la marca desde la perspectiva del cliente externo.

3.5 La marca vista con ojos de cliente

Cuando un cliente tiene que evaluar una marca de servicio con la que tuvo contacto y decidir si sigue con ella, ¿en qué se fija? Algunas investigaciones han hecho foco en este aspecto a los efectos de tratar de identificar las dimensiones que el cliente refiere y el impacto que éstas tienen en sus actitudes, para así poder entender sus decisiones de compra y lealtad.

O'Cass y Grace identificaron una cantidad de aspectos o dimensiones a tener en cuenta entre las que podemos mencionar: La experiencia vivida, la atención recibida, el precio, las instalaciones, el país de origen, el nombre de marca, la reputación, el boca a boca, la publicidad y los sentimientos que despierta la marca[22]. De entre ellas, los cuatro aspectos que más tiene en cuenta un cliente al momento de evaluar una marca de servicios son: las instalaciones donde se presta el servicio, la experiencia pasada que el cliente tuvo con el servicio, el personal que presta el servicio y la influencia del boca a boca. Obsérvese que estos aspectos postergan otros como el nombre de la marca en sí mismo, la publicidad realizada e incluso la influencia del precio. Esto último puede llamar la atención y lo trataremos en el Capítulo 5.

---

[22] Aron O'Cass y Debra Grace, "Exploring consumer experiences with a service brand", *Journal of Product & Brand Management*, Vol. 13 N° 4 (2004): 257-268. No se toma de este estudio la investigación cuantitativa dado que ésta fue dirigida exclusivamente al sector bancario.

Estos cuatro aspectos pueden resultar familiares en función de lo que hemos visto en el capítulo anterior al presentar el modelo de construcción de la marca en servicios de Berry. Recordemos que este autor decía que la experiencia del cliente es lo que más influye al momento de evaluar una marca, más aún que lo que dice la publicidad. También hablaba de comunicaciones controladas por la empresa, entre las que incluía la imagen de las instalaciones y del personal y dentro de las comunicaciones no controladas hablaba del boca a boca.

Aunando las miradas de los teóricos y sumando la perspectiva de los clientes, podemos plantear que los cuatro aspectos se articulan de la manera que se esquematizan en la Figura 3.2:

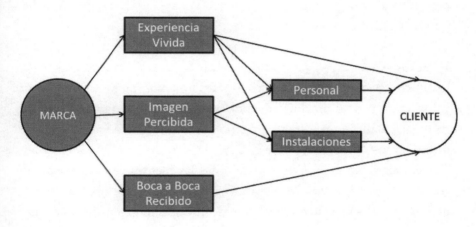

Figura3.2: Dimensiones principales de la marca desde la percepción del cliente.

La experiencia vivida es un conjunto holístico de aspectos que hacen a la percepción del servicio por parte del cliente. Parte de esa experiencia vivida tiene que ver con el desempeño del personal y la funcionalidad de las instalaciones. La imagen percibida es lo que a través del aspecto tanto del personal y de las instalaciones influye en el cliente. Finalmente el boca a boca es otra influencia que recibe el cliente por parte de terceros.

Los aspectos relacionados con la experiencia vivida, el rol del personal y de las instalaciones los veremos en el capítulo siguiente. Ahora nos detendremos en la influencia del boca a boca.

3.6 El boca a boca

"Confío más en mis amigos y familia sobre lugares en los que ellos han estado, que en nadie más", "Confié en la recomendación de la gente, ese es el motivo por el que lo probé", "Soy muy influenciable sobre cualquier cosa que escucho [sobre servicios]"[23]. Comentarios como los anteriores son muy habituales. Nunca antes el boca a boca había tenido tanta importancia debido a la potencialidad que le dieron los medios sociales, pero también porque quien mejor recomienda es aquel a quien consideramos "alguien como yo".

Estudios sistemáticos dedicados a medir la credibilidad de personas e instituciones en el mundo entero muestran que el sujeto "alguien como yo" se encuentra al máximo nivel de credibilidad, casi tan alta como la de un académico o un experto, mucho más alta que la de representantes de gobiernos y empresas y es la que más ha crecido últimamente[24]. Dado este contexto, no sorprende que de todas las fuentes con las que puede contar una persona para buscar información sobre una empresa, sean los medios sociales los que más han crecido, precisamente porque es el lugar en el que uno encuentra comentarios de "alguien como yo"[25].

---

[23] Comentarios de entrevistados citados en: O'Cass y Grace, "Exploring consumer experiences".

[24] Para un público informado, la credibilidad de un Académico o un Experto es del 68%, la de "Alguien como yo", 65%, la de un CEO 38%, la de un funcionario gubernamental, 29%. Fuente: Edelman Trust Barometer, "Global Results 2012", http://trust.edelman.com/trust-download/global-results/ (consultado el 31 de diciembre de 2012).

[25] De 2011 a 2012 la confianza en los medios sociales ha crecido un 75%, comparado con el 23% que crecieron los reportes corporativos, 18% la información online de múltiples fuentes y 10% los medios de comunicación tradicionales como la prensa. Fuente: Edelman Trust Barometer, "Global Results 2012".

El efecto multiplicador del boca a boca es significativo. En 1980 John Goodman y su consultora TARP, llevó a cabo un trabajo pionero que cuantificó por primera vez el efecto del boca a boca, revelando que cada cliente que había pasado por una experiencia positiva se lo comunicaba en promedio a unas 5 personas, mientras que si la experiencia era negativa se lo decía a 10. Actualmente con la irrupción de los medios sociales, la cantidad de los que "escuchan" una experiencia negativa cuadriplica a los que reciben una experiencia positiva.[26]

En Argentina, se registra una dinámica muy intensa del boca a boca. Del total de personas que recuerdan una experiencia negativa, el 69% la relaciona con servicios. Tal vez las interacciones personales propias de los servicios fijan más la recordación y más aún cuando son negativas. El 89% de los que tuvieron una experiencia negativa lo comentaron con otros, proporción que baja a 77% cuando se trata de una experiencia positiva. Los medios sociales son verdaderamente un altavoz del boca a boca: un significativo 61% de los que difundieron una experiencia positiva lo hicieron a través de ese canal, mientras que en el caso de la experiencia negativa, esta proporción llega al 88%. Esto último muestra una alta propensión a acudir a los medios sociales, tanto para referir experiencias positivas o negativas, aunque desde luego, el mayor uso en el caso de situaciones negativas sería indicio de que el público habría detectado en las redes una forma efectiva de circular su disconformidad con mayor capacidad de daño o de obtener una respuesta[27].

Apostar al boca a boca fue clara y explícitamente la estrategia seguida por **Café Martínez**. Comenta Marcelo:

Luego de algunos intentos nos dimos cuenta de que en gastronomía

---

[26] John A. Goodman, *Strategic Customer Service* (AMACOM, 2009), 17.
[27] La información es parte de un estudio presentado por la consultora PROAXION en el evento internacional WOM Marketing Update 2 "Con el Foco en la Experiencia", realizado en Buenos Aires el 5 de septiembre de 2012.

es imbatible el boca en boca y trabajar mucho en el punto de venta, más que la publicidad masiva. Dedicamos todo nuestro esfuerzo en invertir por ejemplo, en regalar producto, en testear productos en las sucursales.(…) Para crear la marca, lo tenés que hacer boca a boca y trabajando en el local[28] .

Veamos en el capítulo que viene, qué significa "trabajar en el local".

---

[28] Salas Martínez, "Living Case".

Capítulo 4

Marketing del punto de contacto

4.1 Experiencia, satisfacción y lealtad del cliente

Berry, cuyo modelo expusimos en los dos capítulos anteriores, tiene el gran mérito de ser uno de los primeros investigadores que vincula la creación del valor de marca con la experiencia del cliente en un entorno de servicios.[1] Esa interacción se da en el punto de contacto entre el cliente y la marca, es decir en el lugar donde se experimenta el servicio. Este es un proceso bidireccional entre la firma y el cliente en el que se verificará o no la promesa realizada por aquella y en última instancia es el que permitirá crear valor o destruirlo. Este proceso puede ser explicado mediante cinco palabras clave que se enlazan en una secuencia o "cascada" que nos permite comprender lo que sucede desde antes que el cliente toma contacto con el servicio y que termina luego de que ha tomado contacto. La Figura 4.1 muestra este encadenamiento.

---

[1] Otros trabajos que contemporáneamente a Berry se ocuparon del tema fueron: Francesca Dall'Olmo Riley y Leslie De Chernatony. "The Service Brand as Relationships Builder," *British Journal of Management 11.2* (2000): 137-150. y Robert Davis , Margo Buchanan-Oliver, and Roderick J. Brodie. "Retail Service Branding in Electronic-Commerce Environments," *Journal of Service Research* 3.2 (2000): 178-186.

Figura 4.1: Cascada de 5 palabras clave.

Ya hemos hablado lo suficiente en el Capítulo 2 sobre promesa de marca como para solo recordar ahora que ella es la principal generadora de expectativas. Decimos la principal pero no la única. Otros contribuyentes a la expectativa son la reputación, no solo de la marca sino del sector en el que ella se desempeña, la influencia de líderes de opinión y medios de prensa y, desde luego, está el efecto del boca a boca de terceros sobre la marca. Todos ellos aumentan o disminuyen la expectativa, pero es la promesa el aspecto sobre el que más ha trabajado tradicionalmente el marketing para construir marcas utilizando para ello la herramienta publicitaria. La influencia de la promesa sobre la expectativa se produce normalmente en una instancia previa a que el cliente tome contacto con el servicio. Cuando el encuentro se produce, el cliente tiene la posibilidad de validar o no la expectativa que traía y, consecuentemente, la promesa que la estimuló. Es el momento de la experiencia en el punto de contacto o usando la frase que Jan Carlzon hizo famosa, "el momento de la verdad"[2].

---

[2] Jan Carlzon, *Moments of Truth* (Harper Business: 1987).

Servicios y experiencia van naturalmente de la mano. "Las raíces del así llamado consumo experiencial (…) debe ser buscado en el crecimiento de los servicios, en los que el 'producto' que es comprado es una experiencia más que un objeto material"[3]. Profundicemos el significado de experiencia para el marketing.

Experiencia es un término que tiene gran vigencia dentro de la jerga del marketing pero esto no significa que sea un concepto reciente. Llega en 1982 de la mano de Holbrook y Hirshman, dos investigadores del comportamiento del consumidor que dicen que "El consumo ha comenzado a ser visto como involucrando un flujo permanente de fantasías, sentimientos y diversión comprendidos en lo que nosotros llamamos el 'punto de vista experiencial'"[4]. Los autores ligan el concepto de experiencia con el de placer, dado que involucra "respuestas hedónicas y criterios estéticos". Para ellos "una experiencia es por sobre todo un hecho personal, habitualmente con significado emocional, fundado en las interacciones con estímulos que son los productos y servicios consumidos"[5].

Posteriormente, otros autores retoman el concepto y lo profundizan, como es el caso de Schmitt[6] en *Experiential Marketing* o Pine y Gilmore[7] en *The Experience Economy,* pero en general lo usan enfatizando el carácter

---

[3] Antonella Carù y Bernard Cova "Revisiting Consumption Experience: A More Humble but Complete View of the Concept," *Marketing Theory*, 3 (2003): 271.

[4] Morris B. Holbrook y Elizabeth C. Hirschman, "The Experiential Aspects of Consumption: Consumer Fantasies, Feelings, and Fun," *Journal of Consumer Research* Vol. 9, No. 2 (Sep., 1982): 132-140.

[5] Carù y Cova, *Revisiting Consumption Experience*, 270.

[6] Bernd H. Schmitt, *Experiential Marketing: How to Get Customers to SENSE, FEEL, THINK, ACT and RELATE to Your Company and Brands* (New York: The Free Press, 1999). Trad. español: *Experiential Marketing: Cómo conseguir que los clientes identifiquen en su marca SENSACIONES, SENTIMIENTOS, PENSAMIENTOS, ACTUACIONES* (Barcelona: Deusto, 2006).

[7] B. Joseph Pine, James H. Gilmore, The Experience Economy: *Work is Theatre and Every Business a Stage* (Harvard, MA: HBS Press 1999). Trad. Español *La Economía de la Experiencia* (Ediciones Granica, 2000).

"memorable" o "extraordinario" de las experiencias. Es habitual que en esta línea se cite el tradicional ejemplo de los parques temáticos Disney donde aprovechando de un impactante uso de la tecnología, "ponen gran énfasis en la experiencia del cliente. Los empleados, identificados como 'miembros del elenco', siguen cuidadosamente roles detallados en guiones para crear 'experiencias teatrales' para su 'público'[8]".

Sin embargo, no toda experiencia tiene que ser necesariamente asombrosa o generar emociones fuertes. En épocas como las actuales, en las que el tiempo parece acelerarse, el poder encontrar espacios donde poder hacer una pausa, dedicarse a asuntos personales o conversar con amigos, no deja de ser una experiencia destacable y hasta si se quiere, deseada. Más importante que impactar a un cliente con una experiencia deslumbrante en la que él es solo un espectador pasivo, es dejar que sea el propio cliente el que como sujeto activo construya sus propias experiencias a partir del momento de servicio que le ofrece la empresa. Este tipo de experiencias son las que refieren los clientes de **Café Martínez**, tal como surge en las investigaciones realizadas por nuestro equipo.

La investigación detectó que dentro de los diez aspectos más importantes (o "atributos centrales") al elegir una cafetería se encuentra el hecho de que sea "un lugar que me 'invita' a quedarme un rato largo". En este atributo **Café Martínez** obtiene la mayor calificación que el resto de sus competidores[9]. Es evidente, con estos comentarios, que los clientes están dan cuenta de que la experiencia que desean vivir va mucho más allá del consumo de productos. Uno de los investigadores lo refleja de esta manera:

[S]e señalaron como contrastes entre las distintas cadenas, el am-

---

[8] Adrian F. Payne, Kaj Storbacka, Pennie Frow, "Managing the co-Creation of Value," *Journal of the Academy of Marketing Science* Volumen 36, N° 1 (2008): 84.

[9] La calificación de este atributo para Café Martínez fue de 4,09 puntos en una escala 1-5. Encuesta a clientes de cadenas de cafeterías en el AMBA. 1069 casos con cuotas etarias a partir de 23 años. Masculinidad 51%. Realización: 1ra parte, Octubre 2011; 2da parte, Junio 2012.

biente "tranquilo" y "agradable" de **Café Martínez**, (…) Esta valoración del ambiente coincidió con la descripción de actividades realizadas en la cafetería, además de tomar café y comer. En su gran mayoría, los entrevistados contestaron que suelen leer el diario y/o revistas, conversar, usar la computadora y trabajar, actividades para las que **Café Martínez** parece ofrecer un ambiente más propicio que su competencia[10].

Volviendo a la "cascada" de las cinco palabras clave en la instancia de la experiencia, el cliente confronta lo vivido con su expectativa previa, lo que determinará su grado de satisfacción. Siguiendo el paradigma de la "des-confirmación"[11], Mary Jo Bitner afirma que:

Los consumidores alcanzan decisiones de satisfacción mediante la comparación del desempeño del producto o servicio con las expectativas previas acerca de cómo el producto o servicio podría o debería haberse desempeñado. Cada consumidor individual se supone que tiene expectativas acerca de cómo se debe desempeñar cada servicio/producto. Estas expectativas se comparan con las percepciones reales de rendimiento a medida de que el producto/servicio se consume. Si

---

[10] De la investigación cualitativa a partir de entrevistas en profundidad a clientes frecuentes. Ver Ignacio Monti, "Un Análisis del Modelo de los 9 Impulsores de Éxito Sostenible de Leonard Berry desde la Perspectiva del Cliente" (Tesis de Maestría, Universidad del Salvador, 2012), 56.

[11] Sobre el paradigma de "des-confirmación" o *disconfirmation of expectations paradigm,* ver: Gilbert A. Churchill Jr., Carol Surprenant, "An Investigation Into the Determinants of Customer Satisfaction," *Journal of Marketing Research,* 19 (Noviembre 1982): 491-504.; Richard L. Oliver, "A Cognitive Model of the Antecedents and Consequences of Satisfaction Decisions," *Journal of Marketing Research,* 17 (Noviembre 1980): 460-9.; Richard L. DeSarbo, "Response Determinants in Satisfaction Judgments," *Journal of consumer* research 14 (Marzo 1988): 495-507.; John Swan, "Consumer Satisfaction Research and Theory: Current Status and Future Directions," en *International Fare in Consumer Satisfaction and Complaining Behavior,* ed. Ralph L. Day y H. Keith Hunt (Bloomington: School of Business, Indiana University, 1983): 124-9; David K. Tse, y Peter C. Wilton, "Models of Consumer Satisfaction Formation: An Extension," *Journal of Marketing Research,* 25 (Mayo 1988): 204-12.

las expectativas superan el desempeño, el resultado es de insatisfacción. Cuando se cumplen las expectativas o el rendimiento realmente supera las expectativas, el resultado es de satisfacción[12].

Obtenida la satisfacción, queda todavía el paso hacia la lealtad. ¿Es seguro que todo cliente satisfecho es un cliente fiel? De ninguna manera. La Figura 4.2 lo muestra claramente.

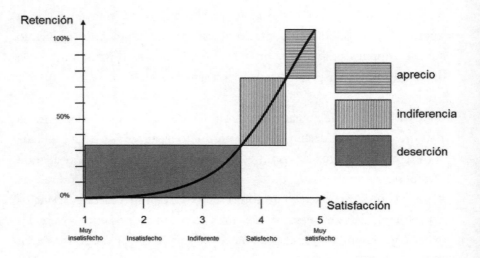

Figura 4.2: Relación entre satisfacción y retención del cliente. *Fuente:* adaptado de James L. Heskett et al., "Putting the Service-Profit Chain to Work," *Harvard Business Review,* (Marzo-Abril 1994):168. Traducción del autor.

Según surge del emblemático trabajo realizado por los profesores de Harvard Business School, Heskett, Jones, Loveman, Sasser y Schlesinger, no toda satisfacción implica lealtad del cliente[13]. El gráfico anterior tiene en su eje horizontal la escala de satisfacción y en el eje vertical la probabilidad de que un cliente permanezca fiel a la empresa (Reten-

---

[12] Mary Jo Bitner, "Evaluating Service Encounters: The Effects of Physical Surroundings and Employee Responses," *Journal of Marketing* Vol. 54, No. 2 (Abril 1990): 70.

[13] James L. Heskett et al., "Putting the Service-Profit Chain to Work," *Harvard Business Review,* (Marzo-Abril 1994):164-174.

ción). La evidencia empírica recogida por los investigadores demuestra que sólo a muy altos niveles de satisfacción existe una alta probabilidad de que un cliente sea leal, entendiendo por lealtad su permanencia con la empresa o retención. Véase que un cliente "satisfecho" (correspondiente a un valor 4 de la escala) tiene las mismas chances de quedarse que de irse, o sea que lo que para muchos significaría una buena noticia (tener clientes satisfechos) esconde la realidad de que uno de cada dos de ellos tiene altas probabilidades de cambiar de empresa, si es que algún hecho lo favoreciera. Sin embargo, si la satisfacción es un poco más alta (más cercana a 4,5), la probabilidad de retención del cliente se eleva rápidamente a alrededor de un 80%[14].

El gráfico identifica tres zonas, la de "deserción" que corresponde a valores de satisfacción de bajos a moderados y que tienen como consecuencia una baja probabilidad de retención del cliente; la zona de "indiferencia", que corresponde a aceptables niveles de satisfacción, pero que como contrapartida no implican altas probabilidades de retención y la zona de "aprecio" en la que altas calificaciones de satisfacción se corresponden con altas chances de retener a los clientes.

En nuestra investigación, **Café Martínez** es la cadena de cafetería que tiene más alto índice de satisfacción entre sus clientes, con una calificación de 8,78 puntos en una escala 1-10[15]. Haciendo una conversión de escala, esta calificación es compatible con las calificaciones que los autores denominan de "aprecio" y que corresponden a altas probabilida-

---

[14] Esta forma de curva se registra para sectores altamente competitivos donde los clientes no tienen grandes barreras de salidas ni altos costos para cambiar de proveedor. Otras formas de curva se pueden ver en: James L. Heskett, W. Earl Sasser, Leonard A. Schlesinger, *The Service-Profit Chain* (The Free Press, 1997), 85.

[15] Es interesante hacer notar que Café Martínez registra además una de las más bajas desviaciones típicas en cuanto a sus calificaciones de satisfacción, con un valor de 1,113. Encuesta a clientes de cadenas de cafeterías en el AMBA. 1069 casos con cuotas etarias a partir de 23 años. Masculinidad 51%. Realización: 1ra parte, Octubre 2011; 2da parte, Junio 2012.

des de retención de los clientes. Esto es compatible con el hecho de que, como se dijo en el Capítulo 2, **Café Martínez** es la cadena que tiene la más alta proporción de clientes con alta frecuencia de concurrencia a sus locales. Clientes que fueron una vez y siguieron yendo. Están fidelizados, son leales. Como lo expresa esta clienta frecuente: "Todas mis amigas me dicen '¿Vamos a **Café Martínez**?', ¡Vamos! [digo yo]. Siempre vamos a **Café Martínez**. Cuando elijo, elijo Martínez"[16]. ¿Por qué lo hacen? Veamos lo que dice esta otra clienta: "[**Café Martínez**] me transmite confianza, por eso lo vuelvo a elegir, no solo a esta sucursal, sino a varias. (…) Entro a **Café Martínez** relajada. Sé lo que voy a pedir. Sé lo que me van a dar"[17].

Recordemos que sólo a altos niveles de satisfacción habrá altas probabilidades de lograr la lealtad de los clientes. "[Vuelvo a **Café Martínez**] porque me siento muy a gusto, (…) [para elegirlo] yo me guío por lo que siento acá, por lo que vivo acá"[18]. Lo que en sus palabras este cliente nos está expresando es que sus experiencias en **Café Martínez** fueron muy valiosas para él. Ahora bien, ¿Cómo se construyen las experiencias de servicio que tienen valor para el cliente?

4.2 Co-creación de experiencias

Desde la mirada tradicional, el proceso de creación de valor es algo que sucede dentro de la empresa y es ésta la única responsable de que se produzca. El modelo paradigmático de este enfoque es el de la cadena de

---

[16] Entrevista en profundidad en sucursal Barrancas (Cap.Fed.) de Café Martínez a cliente de género femenino, mayor de 46 años, entrevistado por Mauricio Bogotá, 26 de junio de 2012.

[17] Entrevista en profundidad en sucursal Vte. López (Cap.Fed.) de Café Martínez a cliente de género femenino, rango etario: 20-30 años, entrevistado por Ignacio Monti, 12 de agosto de 2012.

[18] Entrevista en profundidad en sucursal San Miguel (Pcia. Bs. As.) de Café Martínez a cliente de género femenino, rango etario: mayor de 46 años, entrevistado por Raúl Torqui, 22 de junio de 2012.

valor de Porter, en la que una cadena de actividades que lleva a cabo la empresa es la que permite entregar al cliente un producto o servicio de valor[19]. Desde esta perspectiva, el cliente no tiene ninguna intervención en el proceso de creación de valor. Este paradigma se lo conoce como de "valor en el intercambio". Uno lo produce (la empresa) y otro lo adquiere (el cliente).

Enfoques posteriores como los de Vargo y Lusch destacan que el proceso de creación de valor ocurre cuando un cliente consume o usa un producto o un servicio, dándole suma importancia al rol del consumidor o del usuario como "cocreador" de valor[20]. Significa la llegada de un nuevo paradigma para el marketing, el de "valor en el uso". Lo interesante de este nuevo enfoque es que realza el hecho de que al permitir al cliente ser un cocreador de valor, las experiencias serán únicas y personalizadas, aun consumiendo un mismo producto o servicio. Bien lo sintetiza Prahalad al decir que "los investigadores están pasando de un viejo modelo industrial que ve al valor como creado por productos y servicios a un nuevo modelo donde el valor es creado por las experiencias"[21].

Esto puede ilustrarse claramente con lo que sucede en una cafetería ¿Qué hace un cliente que va a **Café Martínez**? ¿Entra, toma un café y luego sale inmediatamente? Nuestra investigación nos muestra que ir a **Café Martínez** "sólo para tomar café" no es la principal razón de concurrencia. Esto es muy significativo en este caso, dado que, como veremos más adelante, **Café Martínez** es la cadena más reconocida por la calidad de su café, y aun así, este no es el principal motivo para concurrir a sus locales. Esto lo muestra claramente la Tabla 4.1. [22]

---

[19] Michael E. Porter, Competitive Advantage (Nueva York: Free Press, 1985).

[20] Robert F. Lusch, Stephen L. Vargo, *The Service Dominant Logic of Marketing: Dialog, Debate and Directions* (Armonk, NY: M.I. Sharpe, 2006).

[21] C. K. Prahalad, "The co-Creation of Value—Invited commentary," *Journal of Marketing* 68(1) (2004): 23

[22] Encuesta a clientes de Café Martínez. 254 casos con cuotas etarias a partir de 23 años. Masculinidad 51%. Realización: 1ra parte, Octubre 2011; 2da parte, Junio 2012.

Hacer tiempo	50,20%
Juntarme con amigos	49,00%
Relajarme de mis actividades diarias	48,20%
Ir con mi pareja	47,40%
Sólo tomar café	42,30%
Ir con compañeros de trabajo	34,00%
Poder trabajar con tranquilidad	19,00%
Estudiar	18,60%

Tabla 4.1: Razones de concurrencia a Café Martínez. *Fuente:* procesamiento propio de datos recolectados por el equipo de investigación FCA-USAL.

Obsérvese que todos los motivos mencionados implican un rol activo por parte del cliente en el que su experiencia de servicio involucra la interacción con otras personas (pareja, amigos, compañeros), la realización de actividades como trabajar o estudiar, pero además motivos como "hacer tiempo" o "relajarme de mis actividades diarias" no tienen que ver necesariamente con actitudes pasivas. Al indagar en profundidad en nuestro trabajo de investigación, surgió que aquellos que concurrían solos en muchos casos lo hacían para leer un libro, el diario, una revista, o navegar por Internet.

Algunos clientes entrevistados lo ilustran muy bien con sus propias palabras: "Vengo a **Café Martínez** porque me distiendo, leo el diario, [uso] la compu, (…) vengo a desconectarme"[23]. "Vengo a **Café Martínez** porque me tomo mi tiempo para mí, me gusta mucho el cafecito y paso un rato agradable leyendo una revista, me distrae, es mi momento"[24]. Esta última clienta usa una palabra clave, la misma que permitió a Marcelo

---

[23] Entrevista en profundidad en sucursal Cabildo 2733 (Cap.Fed.) de Café Martínez a cliente de género masculino, rango etario mayor de 46 años, entrevistado por Macarena Flores, 22 de junio de 2012.

[24] Entrevista en profundidad en sucursal Cabildo 2733 (Cap.Fed.) de Café Martínez a cliente de género femenino, rango etario: 20-30 años, entrevistado por Macarena Flores, 22 de junio de 2012.

Salas Martínez acuñar tiempo atrás un término cuyo significado analizaremos a continuación.

4.3 Los Momentos Martínez

Cuenta Marcelo Salas Martínez que:

> En las capacitaciones e inducciones, les enseñamos a las camareras a entender que los clientes vienen a enviar y recibir mails, leer el diario, tener una reunión con otros… Vienen a pasar un momento y nosotros tenemos que saber acompañar y respetar esos momentos de la mejor forma posible[25].

Estas palabras, ponen de manifiesto su acertada percepción en cuanto a que si bien el producto café es la figura principal, la concurrencia y permanencia de los clientes en los locales de **Café Martínez** tienen que ver con su deseo de tener "un momento para ellos", parafraseando al cliente antes citado. Es por eso que las experiencias de servicio tienen nombre propio en **Café Martínez**. Ellos las llaman los "Momentos Martínez".

Lo explican así en su Manual de inducción:

> El café está muy arraigado a nuestra cultura. Está presente acompañando muchos momentos de nuestras vidas. Muchos pueden ser los motivos, una reunión de negocios, leer el diario, discutir el partido del domingo, esperar mientras los chicos juegan por ahí o mientras ella o él hacen las compras. Pero por sobre todas las cosas está presente en los momentos más íntimos de nuestras vidas, el primer beso, el último adiós o para darnos fuerza en ese difícil momento de pedirnos perdón y volver a empezar. ¿Quién no dijo alguna vez en su vida: "Vení, tomemos un cafecito y lo charlamos"?

---

[25] Marcelo Salas Martínez, "Living Case" (presentación, Facultad de Ciencias de la Administración de la Universidad del Salvador, 3 de noviembre de 2011).

El cliente que entra a **Café Martínez**, ya sea para tomar un café con alguien que quiere, para enviar un mail de trabajo o simplemente para hacer tiempo, debe llevarse como recuerdo, un instante único, rodeado de una atmósfera especial formada por aromas, sabores, colores, sumado a una atención y asesoramiento personalizados que brinda todos los días nuestro equipo profundamente comprometido con esta idea[26].

Estos Momentos Martínez suceden cuando se produce la interacción concreta de servicio entre la marca y el cliente. En la terminología de marketing de servicios a esa interacción se la denomina "encuentro de servicio" y por su importancia merece que lo tratemos con detenimiento a continuación.

4.4 El valor del encuentro

Como dice Bitner, los encuentros de servicio "son el servicio desde el punto de vista del cliente"[27]. En la definición original de Shostack, los encuentros de servicio son "el período de tiempo en el cual el consumidor interactúa directamente con un servicio"[28]. Esta autora destaca que aspectos como el personal, las instalaciones donde se brinda el servicio y otros elementos tangibles tienen fuerte impacto en la percepción del cliente.

Comencemos por las instalaciones. Lugares sucios, artefactos de iluminación con lámparas que no funcionan, paredes descascaradas, muebles rotos, influyen negativamente en la imagen que los clientes se construyen sobre la empresa de servicios. También influyen pero en sentido

---

[26] Información obtenida con autorización de Martínez Hnos. del Manual de Inducción de Café Martínez, de circulación interna

[27] Mary Jo Bitner, "Evaluating Service Encounters", 69.

[28] G. Lynn Shostack, , "Planning the Service Encounter", en *The Service Encounter*, ed. John A. Czepiel, Michael R. Solomon, Carol F. Surprenant, (Lexington, Mass.: D. C. Heath, 1985) Lexington Books, 243-54.

contrario: un lugar prolijo, bien iluminado, decorado adecuadamente, una buena vista, apropiada música ambiental, un aroma agradable.

Por su parte, los elementos tangibles que se encuentran en el lugar donde se brinda el servicio también impactan sobre el cliente. Recordemos que el gran desafío de los servicios es su intangibilidad, de allí que los elementos tangibles a los que recurrimos sean como metáforas que usamos para que hablen sobre el propio servicio. Un médico, cuyo servicio es altamente intangible y difícil de evaluar para sus pacientes recurre a llenar sus paredes de diplomas y certificados que hablen de su idoneidad ¿Se percibe de la misma manera un taller de reparación de automóviles en el que sólo pueden observarse herramientas básicas a otro que tiene computadoras con terminales que se conectan al auto?
El personal tiene también gran influencia sobre la percepción del cliente. Es obvio que el trato que recibimos por parte de las personas que están a cargo de brindarnos el servicio tiene fuerte influencia en nosotros, pero también lo tiene la tangibilidad que ellos evidencian a través de su cuidado personal y su vestimenta.

Nuestra experiencia en consultoría y en investigaciones de mercado nos muestra que todos estos aspectos: personal, instalaciones y elementos tangibles no son registrados de manera consciente por los clientes. Si se le pregunta a un cliente sobre su satisfacción con una experiencia de servicio en la que alguno o varios de los aspectos mencionados tienen fallas tal vez no tan evidentes, el cliente la calificará muy probablemente con una nota mediocre, salvo que se lo guíe y se le pregunte en forma concreta no será capaz de identificar qué es lo que falló. Como clientes tendemos a hacer juicios holísticos, sin reparar a priori en las partes. Si se corrigen las fallas y se vuelven a hacer la pregunta de satisfacción general *(overall satisfaction)*, el cliente ahora indicará un grado de satisfacción mayor al anterior. Lo interesante es que muchas de estas fallas son pequeños detalles que pueden pasar inadvertidos por el cliente de manera consciente, pero que, de algún modo, los registra porque influyen en su juicio global respecto a la experiencia vivida. Cuando se cuidan los detalles aumenta la satisfacción.

Esta constatación empírica da sustento a una famosa frase proveniente del negocio de los supermercados y que se ha popularizado en el mundo de los servicios: *Retail is detail,* que podríamos traducir (más conceptual que literalmente) como "En la venta minorista lo importante es el cuidado de los detalles" y dado que dicha actividad es, también, un servicio, podríamos ampliarla a "En servicios, lo importante es el cuidado de los detalles"[29].

Nuestro objetivo será entonces identificar sobre qué aspectos trabajar para influir positivamente en la percepción del cliente y, consecuentemente, sobre su satisfacción en los encuentros de servicio.

Ciertamente, los elementos identificados por Shostack como el personal, las instalaciones y otros elementos tangibles tienen influencia, como hemos visto, en la percepción del cliente. Sin embargo hay algo que está faltando. Imaginemos que vamos a un bonito restaurante, bien decorado, con camareros muy cordiales y gentiles, y cuando ordenamos nuestro plato, este se demora gran cantidad de tiempo y al llegar resulta que no es lo que habíamos pedido ¿Eso no impacta en nuestra percepción del servicio? Desde luego que sí. Los que han fallado son los procesos, lo que denominaremos la Tarea, el motivo central por el que fuimos al restaurante.

Por eso, a nuestro entender, los aspectos que influyen en la percepción del cliente y que llamaremos las variables accionables de la mezcla de marketing o *marketing mix* del punto de contacto del cliente son tres: tarea, trato y tangibilidad y se muestran en la Figura 4.3.

---

[29] La frase *"Retail is detail"* se atribuye al escocés James Gulliver (1930-1996), presidente de Argyll Group, una de los grupos de negocio más grande del sector minorista de la alimentación en Gran Bretaña.

Figura 4.3: Las 3 T de los encuentros de servicio.

La tarea es el "qué" y tiene que ver con el proceso esencial de servicio. En un restaurante será la preparación de comestibles, en una peluquería será el corte del pelo. La manera en que se lleva a cabo la tarea afecta la percepción del cliente, como hemos visto en el ejemplo del restaurante con el plato demorado y equivocado. En algunos servicios cabe la posibilidad de que la tarea tenga efectos retardados sobre la percepción del cliente, posteriores al encuentro de servicio. Tal sería el caso de una reparación mal realizada en un taller automotor. Puede que el cliente identifique el problema más tarde con el uso del auto, lo que hará que retorne al punto de contacto (taller) y probablemente genere una situación conflictiva de queja, que podrá inclusive afectar la percepción de otros clientes que se encuentren allí en ese momento.

La siguiente T es el trato, que tiene que ver con la manera en que el personal se comunica con el cliente. Es asimilable al "cómo". Por último, la imagen del personal, de las instalaciones y de otros elementos tangibles, forman parte de la última T, la tangibilización del servicio y que asociamos al "dónde", incluyendo aquí a todo el mundo físico que rodea al encuentro de servicio, incluido el aspecto del personal (aseo e indumentaria).

En síntesis, en un encuentro de servicio importa el lugar donde éste se lleva a cabo, cómo es tratado el cliente y cumplir con lo que el cliente viene a buscar. ¿Cuál de las tres T es más importante?, ¿Cuál se podría omitir? Probablemente un cliente pueda aceptar que le cumplan con la tarea a pesar de que no lo traten muy bien o que el lugar no sea muy cómodo. Las empresas que piensen así podrán subsistir hasta que llegue alguna otra como **Café Martínez** que pueda agregar valor al encuentro de servicio a través de las tres T. Veamos qué hizo esta cadena en cada una de las variables.

4.5 Tarea

Como hemos visto anteriormente, la experiencia de servicio en **Café Martínez** es una cocreación entre los clientes que acuden a la cafetería para sociabilizar, trabajar o dedicarse un tiempo de distensión a sí mismos y **Café Martínez** que lleva a cabo una serie de tareas para satisfacer el proceso esencial de servicio, en este caso el consumo de café (primordialmente) y de otros alimentos y bebidas.

En todo entorno de servicio se diferencian dos zonas en función de que lo que sucede en ellas sea visible o no para el cliente: el *front office* o zona visible y el *back office* o zona no visible. Algunos autores usando una analogía teatral hablan de "escenario" *(stage)* que está visible a los clientes (espectadores) y la zona "detrás de bambalinas" *(backstage)*[30]. La decisión sobre dónde colocar el "telón", es decir, dónde trazar la llamada línea de visibilidad, es una decisión relevante para cualquier tipo de servicio, dado que los procesos que estén a la vista del cliente afectarán su percepción. En el caso de **Café Martínez**, el cliente tiene a la vista gran cantidad de actividades de los camareros, del cafetero y del encargado / cajero. Sólo las tareas del ayudante de cocina no son tan visibles para el cliente. Esto implica un gran riesgo a la vez que un gran desafío: casi todo lo que sucede está a la vista.

---

[30] Los primeros en hablar de la analogía teatral fueron Stephen J Grove, Raymond P. Fisk, "The Dramaturgy of Services Exchange: An Analytical Framework for Services Marketing," *Emerging Perspectives on Services Marketing* (1983): 45-9.

Siguiendo con la analogía teatral, diríamos que los "actores permanentes" (personal) deben conocer muy bien cómo llevar a cabo su "papel" (tareas) para que, interactuando con los "actores invitados" (clientes), la "obra" (experiencia de servicio) sea un éxito. En esta "actuación" el cliente puede improvisar, el personal no. Tal vez muchos clientes lo ignoren, pero antes de que el primer cliente entre al local, comienza para el personal una "rutina de actuación" que **Café Martínez** denomina "Los 7 pasos del servicio" y que busca asegurar un estilo diferenciado en la atención.

Los 7 pasos del servicio abarcan desde los pre-chequeos de elementos operativos antes del inicio del turno de trabajo, incluye desde luego el proceso completo y detallado de atención del servicio en mesa, desde la bienvenida hasta la despedida del cliente. Incluye cómo asesorar al cliente, cómo hacerle sugerencias, cuál es la secuencia para servir una mesa, entre otros aspectos. También define "Estándares no negociables de venta, servicio y operativos", esto es acciones que deben cumplirse sin excepción para aseguran un estilo distintivo y generar ingresos adicionales. En ellos se fijan también los tiempos máximos que debe esperar un cliente tanto para hacer el pedido como para pagar. Los 7 pasos del servicio incluyen también el procedimiento a seguir en caso de una queja.

Además de lo detallado en relación al procedimiento a seguir para el servicio de las mesas, vale también mencionar el grado de detalle de las actividades del cafetero para la preparación del café, el producto emblema de **Café Martínez**. Desde los pasos para el molido a utilizar en las cafeteras expreso hasta el manejo de presiones, temperaturas, filtros y dosificaciones que permiten en seis pasos hacer un café expreso, además del dominio de la leche calentada al vapor en siete pasos. Si bien la tarea básica del cafetero puede describirse fácilmente, dominar la técnica tiene mucho de arte dada la variedad de bebidas que debe preparar, atendiendo en algunos casos a pedidos personalizados. Dice **Café Martínez** en su Manual de cultura:

El cafetero es el corazón del local. Como tal debe conocer a la perfección sus herramientas de trabajo, ya que es él quien más exigencias tendrá a la hora de seguir el ritmo que marca el encargado, pues la mayoría de los pedidos salen con café que es nuestro principal producto[31].

Sería largo enumerar la cantidad de procesos visibles y no visibles que se detallan en los manuales de **Café Martínez** y tienen que ver con el funcionamiento del local. No todos ellos tienen que ver con la preparación de alimentos y bebidas. Hay uno que puede parecer menor y hasta escatológico. pero que nuestra investigación nos ha mostrado que tiene un alto impacto en los clientes: la limpieza de los baños. "Los toilettes están limpios y ordenados" es un aspecto que está dentro de los diez que más importan a los clientes de cafeterías. **Café Martínez** es la cadena que más alto puntaje logra en este aspecto por parte de sus clientes[32]. El personal de las sucursales tiene precisas instrucciones para el mantenimiento sistemático de estos espacios, y es el encargado el responsable principal de que esto ocurra.

Tanto encargados, camareros, cafeteros y ayudantes de cocina son entrenados para la realización de todas las tareas que hacen al funcionamiento del local y sobre el conocimiento en profundidad de los productos, sus características y formas de preparación. Pudimos observar en la investigación que esto es inferido por los clientes:
El personal está capacitado para la función que cumple. La atención es muy buena. Es eficiente, no solo por la rapidez sino por la interpretación [del pedido] y además a veces te aconsejan qué servirte, no por calidad, sino por el tamaño de las porciones[33].

---

[31] Información obtenida con autorización de Martínez Hnos. del Manual de Cultura Martínez de Café Martínez, Módulo: Puestos y roles del local, de circulación interna.
[32] La calificación de este atributo para Café Martínez fue de 4,10 puntos en una escala 1-5. Encuesta a clientes de cadenas de cafeterías en el AMBA. 1069 casos con cuotas etarias a partir de 23 años. Masculinidad 51%. Realización: 1ra parte: Octubre 2011; 2da parte: Junio 2012.
[33] Entrevista en profundidad en sucursal Vte. López (Cap.Fed.) de Café Martínez a cliente de género femenino, mayor a 46 años, entrevistado por Ignacio Monti, 12 de agosto de 2012.

Veremos en el capítulo 7 todos los aspectos relacionados con la capacitación de personal. Ahora pasemos a la siguiente T.

4.6 Trato

En nuestra investigación sobre **Café Martínez** la valoración del cliente respecto al trato recibido por parte del personal aparece a un nivel tan alto como el del reconocimiento a la calidad del café. Un cliente resume el punto de vista de muchos con estas palabras: "[Vengo] porque me atienden bien, porque no me apuran y porque el café es el mejor de todos"[34]. Buen trato y buen café pareciera ser la receta de su éxito en su formulación más elemental.

Hemos dicho en capítulos anteriores que el personal es la personificación de la marca, la manera en que ellos traten a los clientes será la manera en que la marca trata a los clientes, porque ellos son la marca en el punto de contacto y son los que en definitiva posibilitarán que se construya un vínculo duradero con el cliente. Por eso es tan valioso para la marca **Café Martínez** que tantos clientes digan de sus empleados que son "un amor", "muy buena onda", "cálidos", "correctos", "amables", "educados", "respetuosos", "honestos", entre los adjetivos más usados.

La construcción de una relación cliente-empleado es especialmente fuerte en el caso de los clientes frecuentes, generándose un efecto virtuoso de reforzamiento de la fidelidad. "La atención es muy buena y una vez que te conocen es más eficiente todavía [porque] ya saben lo que consumís y te lo traen automáticamente"[35]. El motivo del reforzamiento del vínculo se origina en el reconocimiento que siente el cliente, tal como lo expresó uno de ellos: "Cuando entrás a un lugar y te dicen '¿Qué tal, cómo le va?, ¿lo de

[34] Entrevista en profundidad en sucursal Olazábal (Cap.Fed.) de Café Martínez a cliente de género masculino, mayor a 46 años, entrevistado por Ana Ma. Eberle, 24 de junio de 2012.
[35] Entrevista en profundidad en sucursal Vte. López (Cap.Fed.) de Café Martínez a cliente de género masculino, mayor de 46 años, entrevistado por Ignacio Monti, 12 de agosto de 2012.

siempre?', eso para mí es importante, no sos un objeto que viene, sentís que te conocen, sos una persona, eso es lo que me atrae de **Café Martínez**"[36]. En verdad ocurre un reconocimiento que funciona en dos direcciones, dado que los clientes también reconocen al personal y eso les da a éstos una cercanía, una familiaridad y una confianza que ayuda mucho a la fidelidad del cliente. Cuenta una clienta: "Conocemos a Mariela desde que era camarera. Ahora es encargada, la conocemos desde hace muchísimo tiempo. Ella nos conoce, ya sabe lo que uno toma. Todas las mañanas nos saludamos con ella"[37].

Un buen trato con el cliente y la confianza que se genera, permiten construir un vínculo que, llegado el caso servirá para compensar algunos aspectos del servicio que podrían tener problemas. Considerando que por día se llevan a cabo en promedio unas 300 operaciones por sucursal, no puede descartarse que haya cosas que no salgan como se desea. Según una clienta: "La cordialidad y el respeto [que tiene el personal de **Café Martínez**] son fundamentales para mí y eso hace que no mire cosas que pueden no estar demasiado bien" [38]. Si el cliente percibe una buena actitud por parte del personal, puede justificar que algunas cosas no salgan de la mejor manera: "Sobre todo, lo que tienen [los empleados de **Café Martínez**] es mucha amabilidad, son muy correctos (…) Hay momentos en los que pueden sentirse desbordados pero es por la cantidad de gente, no porque no le pongan ganas", nos dijo otra clienta en una entrevista[39].
Cuando los clientes creen en la marca y en su personal, éstos tienen un margen para cuando las cosas salen mal. Dice Berry que cuando hay

---

[36] Entrevista en profundidad en sucursal Cabildo (Cap.Fed.) de Café Martínez a cliente de género femenino, mayor a 46 años, entrevistado por Macarena Flores, 22 de de junio de 2012.
[37] Entrevista en profundidad en sucursal Luis Ma. Campos (Cap.Fed.) de Café Martínez a cliente de género femenino, rango etario: 31-45 años, entrevistado por Guillermina Varzan, 22 de junio de 2012.
[38] Entrevista en profundidad en sucursal Luis Ma. Campos (Cap.Fed.) de Café Martínez a cliente de género femenino, mayor a 46 años, entrevistado por Guillermina Varzan, 22 de junio de 2012.
[39] Entrevista en profundidad en sucursal Uriarte (Cap.Fed.) de Café Martínez a cliente de género femenino, rango etario: 31-45 años, entrevistado por Alfonsina Ramos, 22 de junio de 2012.

confianza se amplía la zona de tolerancia en los casos en los que las cosas no salen como esperado. La confianza crea una reserva de crédito. Da una oportunidad para reconstruir la relación[40].

Ahora bien, ¿Cómo logra **Café Martínez** que el personal trate bien a los clientes? La respuesta la veremos en el Capítulo 7, pero valga adelantar que cuando nos acercamos a estudiar la empresa, nos llamó mucho la atención desde el primer momento el gran énfasis que hacían permanentemente sus directivos en valores humanos usualmente alejados del lenguaje de los negocios. Sobre esto la empresa le aclara a su personal:

> Quienes formamos parte del equipo de **Café Martínez** compartimos 6 principios que intentamos demostrar día a día a través de nuestras acciones y actitudes. No son solamente un cuadro colgado en la pared, es imprescindible que creas en ellos y que los clientes y tus compañeros los perciban[41].

Tener buen trato en la atención de clientes es simple pero no fácil y por tanto difícil de imitar porque en el caso de **Café Martínez** no tiene que ver con una estrategia de negocios, sino con los valores de aquellos que la conducen. Profundizaremos lo relacionado con los valores de la empresa en el Capítulo 9.

4.7 Tangibilidad

Con hacer bien la tarea y tratar bien a los clientes no alcanza para hacerles vivir una agradable experiencia de servicio. Lo que en **Café Martínez** se llama un "Momento Martínez".
Cuando entrevistamos a los clientes, una palabra que recurrentemente muchos usaron para explicar el motivo de elección de esta cafetería era

---

[40] Leonard Berry, *Cómo Descubrir el Alma del Servicio* (Granica, 2000), p.197.
[41] Información obtenida con autorización de Martínez Hnos. del Manual de Inducción ya citado. Los 6 principios de Café Martínez se tratan en el Capítulo 9.

que les gustaba mucho el "ambiente". La palabra ambiente, en relación a la manera en que fue usada por ellos denotaba fundamentalmente dos aspectos. Por un lado, habla de la identificación del cliente con los otros clientes que concurren y por otro, habla del espacio físico en sí, de la ambientación y del "clima" que el lugar alberga. "Me gusta la ambientación, el ambiente que tiene. Entrás a un **Café Martínez** y tiene una ambientación [que hace] como que del vidrio para allá [afuera] sea otra cosa. Es tranquilo, relajado, una ambientación linda"[42].

Dice Mary Jo Bitner, la investigadora que probablemente más ha profundizado en el impacto que los elementos tangibles del servicio tienen sobre las percepciones del cliente, que:

[L]a evidencia física [elementos tangibles] como el diseño del ambiente, la decoración, las señales y carteles envían un mensaje que ayuda a establecer la imagen de la firma e influencia las expectativas de los clientes (…) elementos de evidencia física como nivel de ruido, olores, temperaturas, colores, texturas y el confort del mobiliario pueden influir en el desempeño percibido en el encuentro de servicio. La investigación sugiere que (…) variaciones en el entorno físico puede afectar las percepciones independientemente del verdadero resultado [del servicio][43].

Indica Bitner que:

Se pueden formular hipótesis en cuanto a la influencia del entorno físico sobre la imputación que hacen los clientes cuando falla el servicio. Por ejemplo, si un cliente experimenta una falla en el servicio en un entorno organizado y profesional, tenderá a culpabilizar menos a la

---

[42] Entrevista en profundidad en sucursal Vte. López (Cap.Fed.) de Café Martínez a cliente de género femenino, rango etario: 20-30 años, entrevistado por Ignacio Monti, 12 de agosto de 2012.

[43] Mary Jo Bitner, "Evaluating Service Encounters: The Effects of Physical Surroundings and Employee Responses," *Journal of Marketing*, Vol. 54 (Abril 1990): 69-82

empresa. Los indicios que da un entorno organizado pueden sugerir competencia, eficiencia, cuidado y otros atributos positivos. Cuando ocurre la falla en ese tipo de entornos el cliente tenderá a atribuir la causa a algo no intencionado y relativamente transitorio. En contraste, en un entorno desordenado los indicios físicos pueden sugerir incompetencia, ineficiencia y mal servicio. En estos entornos, el cliente puede atribuir más responsabilidad a la empresa y estar predispuesto a esperar que el mismo tipo de problema ocurra en el futuro[44].

Una marca de servicios debe hacer uso de todos los elementos tangibles posibles de ser usados a favor de transmitir un mensaje al cliente y hacerlo vivir una experiencia compatible con la promesa de la marca. Esto incluye el diseño del *lay out* del local, los muebles usados, los colores y texturas de las paredes, las ilustraciones y elementos decorativos, el equipamiento, la iluminación, la musicalización, los aromas y la vajilla, entre los principales.

En el caso de **Café Martínez** todos estos elementos están cuidadosamente detallados en distintos documentos, siendo el principal el Manual de arquitectura. En él, Claudia Salas Martínez, arquitecta y parte de la conducción de la firma, indica que:

> Para el interior de los locales, se pensaron ambientes cálidos, con colores y texturas que acompañan y generan una comunicación clara, simple y conocida para la mayoría de los clientes. [Somos] una empresa familiar con tradición e historia heredadas, por ese motivo verán la incorporación de paredes de ladrillo visto, madera y revestimiento de *venecitas,* materiales familiares a todo cliente y que están asociados a la arquitectura tradicional e inspiran a pensar en la nobleza, lo clásico y las tradiciones[45].

---

[44] Mary Jo Bitner, "Evaluating Service Encounters: The Effects of Physical Surroundings and Employee Responses," *Journal of Marketing,* Vol. 54 (Abril 1990): 69-82

[45] Información obtenida con autorización de Martínez Hnos. del Manual de Arquitectura Martínez de Café Martínez, de circulación interna.

No debe olvidarse que los locales deben responder a la posibilidad de que cada cliente pueda pasar su "Momento Martínez", el que habitualmente está relacionado con la tranquilidad. Lo expresado por un cliente es develador en relación a cómo los elementos tangibles son percibidos y decodificados en relación al momento que se desea vivir en la cafetería:

> A **Café Martínez** lo puedo asociar con un momento de relax. Venís, te tomás un cafecito, el ambiente es un ambiente tranquilo, vos notás la armonía de los colores, todo lo que es la ambientación, la calidez y sobre todo que es un lugar que a pesar de que todas las plazas [mesas] están llenas, es un lugar tranquilo[46].

Los locales están diseñados para contener espacios diferenciados y que el cliente opte, en la medida en que la ocupación lo permita, por distintas zonas de acuerdo al tipo de experiencia de servicio que desea tener. Hay zonas de mayor agilidad en el servicio, cercanas a la barra, y más aún en el caso de los que cuentan con banquetas en la barra, o espacios con sillones de mayor privacidad para los que buscan un momento más relajado. La diferenciación de estos espacios es bien identificada por el cliente, tal como lo comenta uno de ellos: "Si querés estar más tranquilo te vas al fondo, si querés más bullicio te vas al frente"[47].

Todos los elementos que son parte del mobiliario y el equipamiento están cuidadosamente pensados en su diseño y ubicación. Por ejemplo las tolvas de café que contienen el producto en grano en sus distintas variantes, son el símbolo del producto estrella de la marca y, en la medida de lo posible, se ubican cerca de la entrada del local.

---

[46] Entrevista en profundidad en sucursal Vte. López (Cap.Fed.) de Café Martínez a cliente de género femenino, mayor de 46 años, entrevistado por Ignacio Monti, 12 de agosto de 2012.

[47] Entrevista en profundidad en sucursal Cabildo (Cap.Fed.) de Café Martínez a cliente de género femenino, mayor a 46 años, entrevistado por Macarena Flores, 22 de junio de 2012.

Los colores utilizados en el local son maíz, ladrillo, amarillo, verde, marrón y arena en las paredes, uso de madera en muebles, tejuelas de ladrillo en algunos lugares, *venecitas,* todos elementos que generan un clima familiar y cálido. La iluminación usa luces apropiadas para resaltar en los colores toda su calidez y texturas.

Pero no solo se trata de elementos inanimados. La tangibilización también pasa por el aspecto y la indumentaria del personal. En servicios como la gastronomía, tal como pasa en los relacionados con la salud, el aspecto del personal tiene directa vinculación con lo que el cliente infiere sobre salubridad, calidad, idoneidad y profesionalismo del servicio. El Manual de cultura Martínez hace fuerte y detallado hincapié tanto en la higiene como en el aseo y presentación del personal, haciendo precisas indicaciones referidas al cabello, manos, accesorios y alhajas, uñas, maquillaje, tatuajes, barba o el uso de perfume. También son detalladas las indicaciones para el uso y el mantenimiento del uniforme, incluyendo no solo la ropa sino el uso de accesorios como los identificadores de nombre que usan tanto camareros y cajeros y que son un elemento que ayuda al acercamiento con el cliente y la personalización del servicio.

Los aspectos ambientales que completan la tangibilización pasan por una adecuada aclimatación a través de los equipos de aire acondicionado, música ambiental que tiene que ser "suave, tranquila y acorde al lugar" y el aroma a café que suavemente tiene que envolver la experiencia del cliente. Para esto se cuida que siempre haya cantidad de café molido para que provea el aroma, pero no en exceso para que no lo pierda ni se humedezca.

Los elementos tangibles del local son sumamente importantes, no solamente adentro, es decir donde se produce la experiencia del cliente, sino también afuera del local. Si bien muchos clientes entrevistados nos dijeron que habían conocido a la cafetería por recomendación de otros o porque otros los habían llevado, una proporción importante nos dijo que los atrajo el local desde el exterior y por eso entraron. "[Conocí a] **Café Martínez** porque me gustó de afuera"[48].

Para crear marcas de servicio potentes no solo es necesario definir un conjunto claro de valores y asegurar una promesa verificable, sino que la intangibilidad crea el desafío de darle al cliente evidencias de que eso será así. Las marcas de servicio tienen la necesidad de recurrir entonces a metáforas que hablen por sí mismas. Los elementos tangibles cumplen precisamente esa función. **Café Martínez** lo comprendió a la perfección y lo supo hacer.

Saber lo que hay que hacer es tan difícil como saber lo que no hay que hacer. De esto trata la siguiente parte de este libro.

---

[48] Entrevista en profundidad en sucursal Barrancas (Cap.Fed.) de Café Martínez a cliente de género femenino, mayor de 46 años, entrevistado por Mauricio Bogotá, 26 de junio de 2012.

Tercera Parte

Foco

Introducción

La literatura de negocios referida a estrategia está dedicada fundamentalmente a grandes corporaciones, poco a pymes y menos aún a nuevos emprendimientos. Sin embargo el emprendedor pyme exitoso tiene que ser necesariamente un buen estratega, si entendemos que la estrategia es "la determinación de las metas fundamentales de largo plazo de una empresa, y la adopción de cursos de acción y la asignación de recursos para cumplir con esas metas", según la definición tradicional de Chandler[1]. La elección de uno u otro curso de acción y la asignación de recursos, normalmente muy escasos, son decisiones críticas para los emprendedores.

La principal diferencia entre pymes y grandes corporaciones en cuanto al proceso de formulación de estrategias no reside en su esencia sino en el grado de formalización y sofisticación en su planteo. Usualmente, en los emprendimientos pymes hay una mezcla de un poco de planificación con mucho de improvisación y esto tiene que ver con el hecho de que el proceso de formulación estratégica ocurre fundamentalmente en la

---

[1] Alfred A. Chandler Jr, *Strategy and Structure: Chapters in the History of American Industrial Enterprise* (Cambridge, Massachusetts: The M IT Press, 1962).

mente del emprendedor. Como dicen Burke y Jarratt, en las pymes la estrategia está más centrada en la persona que impulsada por los procesos[2]. Esto puede ser visto como un aspecto negativo y, de hecho, en parte lo es, dado que puede llevar a que de tanta informalidad no se formule ninguna estrategia y, de acuerdo a Michael Porter, "el peor error y el más común, es no tener estrategia alguna"[3]. Sin embargo esta manera informal de plantearse la reflexión estratégica tiene importantes beneficios porque el emprendedor está atento a todo cambio y eso le permite reaccionar con mayor flexibilidad y rapidez que lo que le permitiría un proceso más formal y establecido. Al pensar de manera holística, el emprendedor puede lidiar mejor con contextos muy cambiantes y hasta caóticos. Es verdad que aprende haciendo, y eso es muy peligroso, pero también es cierto que puede aprender de sus errores y de esa manera adaptar rápidamente las estrategias y desandar caminos que dan muestras evidentes de estar conduciendo al fracaso.

Como vemos, la actitud del emprendedor respecto al pensamiento estratégico es clave para el éxito del emprendimiento. Muchos empresarios pymes y emprendedores creen que el análisis estratégico es una sofisticación sin sentido, un lujo que pueden darse solamente las grandes corporaciones. Sin embargo ningún negocio es tan pequeño como para desestimarlo. Lamentablemente muchos emprendedores en las etapas iniciales se sumergen rápidamente en detalles operativos sin haber tenido la cautela de hacer previamente un análisis reflexivo respecto de los factores tanto internos y externos que podrían afectarlos. Una vez puesto el nuevo negocio en marcha, es tan grande la cantidad de cuestiones a las que tienen que prestarle atención que el día a día los supera. Si bien tienen la sensación de que están avanzando, en verdad no se dan cuenta que no conducen el barco sino que los lleva la corriente. Por eso la falta

---

[2] G. Ian Burke, Denise G. Jarratt, "The Influence of Information and Advice on Competitive Strategy Definition in Small- and Medium-sized Enterprises", Qualitative Market Research: An International Journal Vol. 7 (2004): 127.

[3] Joan Magretta, *Understanding Michael Porter: The Essential Guide to Competition and Strategy* (Harvard Business School Press, 2011), 189.

de planificación y mirada estratégica podría ser una de las causas de la gran tasa de mortalidad temprana de los nuevos emprendimientos y de las pymes en general. Perry encontró que las empresas pymes que no habían desaparecido planificaban más que las que habían desaparecido[4]. Joyce, Seaman y Woods descubrieron que las pymes que se involucraban en procesos de planificación estratégica tenían desempeños superiores a las que no lo hacían[5].

En verdad, la estrategia en las pymes no solo es dinámica por naturaleza, sino a la vez intuitiva, dado que es consecuencia del pensamiento del emprendedor. Si bien los modelos racionales de planeamiento dominaron el campo de la estrategia por muchos años, a lo largo del tiempo otros enfoques más relacionados con un "Modelo de aprendizaje intuitivo de la estrategia" fueron valorizados, apoyándose en nociones que autores como Mintzberg habían impulsado tiempo atrás[6]. Para Mintzberg la estrategia está lejos de ser un proceso de planeamiento inicial, sino que se trata de un hábito organizacional sistemático que se lleva a cabo a lo largo del tiempo en cada toma de decisión y que no es simplemente el resultado de un rígido proceso analítico y racional sino que puede ser una mezcla de lo buscado y lo que emerge[7]. Él diferencia y destaca el pensamiento estratégico por sobre el planeamiento estratégico al que vincula con el análisis. Para él "el pensamiento estratégico, en contraste

[4] Stephen C. Perry, "The Relationship between Written Business Plans and the Failure of Small Businesses in the US," *Journal of Small Business Management,* vol.39, no. 3 (2001): 206.

[5] P. Joyce, C. Seamań, A. Woods, *The Strategic Management Styles of Small Businesses in Small Firms: Contribution to Economic Regeneration* (Londres: Paul Chapman Publishing, 1996), 57.

[6] Para profundizar sobre Modelo de Aprendizaje Intuitivo de la Estrategia se recomienda leer: B. McCarthy, B. Leavy, "Phases in the Strategy Formation Process: an Exploratory Study of Irish SMEs," *Journal of the Irish Academy of Management,* Vol. 21 N°2 (2000): 55-79.

[7] Para profundizar ver: Henry Mintzberg, James A. Waters, "Tracking Strategy in an Entrepreneurial Firm," *Academy of Management Journal,* Vol. 25, no 3 (1982): 465-499. También: Henry Mintzberg. "An Emerging Strategy of 'Direct' Research," *Administrative Science Quarterly,* Vol. 24 N°4 (1979): 582-589.

[con el planeamiento estratégico], tiene que ver con la síntesis, involucra intuición y creatividad"[8].

Traemos a cuento esta noción de Mintzberg sobre la estrategia, porque a nuestro juicio es bastante representativa de lo que significa estrategia para un emprendimiento pyme con poca formalización y mucha flexibilidad, dinamismo y adaptación cotidiana a las circunstancias, usando mucha creatividad e intuición para lograr ser competitivos. Este fue el caso de la nueva generación de emprendedores de **Café Martínez**.

Antes de identificar con qué tipo de estrategia podemos asociar al éxito competitivo de **Café Martínez**, analicemos qué significa ser competitivo. La competitividad es la clave del éxito o el fracaso de un negocio. Siguiendo a Porter diremos que para ser competitiva una empresa llevará a cabo una estrategia competitiva que consiste en la búsqueda de una posición favorable para competir en el sector en el que se desempeña[9]. Para entender cómo una empresa logra una ventaja competitiva, este autor desarrolló el concepto de estrategias genéricas, que son categorías de estrategias que tienen un patrón particular. Según Porter hay dos tipos básicos de ventajas competitivas que una empresa puede alcanzar: bajo costo o diferenciación, las que combinadas con el alcance de mercado que la empresa pretende lograr, definen tres estrategias genéricas: liderazgo en costo, diferenciación y foco[10]. Las dos primeras estrategias mencionadas se dan cuando la empresa pretende alcanzar una amplia porción del mercado. La estrategia de foco se da cuando la empresa se

---

[8] Henry Mintzberg, "The Fall and Rise of Strategic Planning," *Harvard Business Review,* 72, (1994): 108.

[9] Michael Porter, *Competitive Advantage: Creating and Sustaining Superior Performance* (New York: FreePress, 1985).

[10] Porter dice que es imposible un tercer tipo de ventaja competitiva intermedia. Dice que las empresas que intentan liderar en costos y a la vez diferenciarse quedan "atascados en el medio". Diversos académicos cuestionaron luego este punto de vista. Los más famosos fueron W. Chan Kim y Renée Mauborgne, creadores del concepto "Océano Azul". Ver de estos autores:, *La Estrategia del Océano Azul: Cómo Desarrollar un Nuevo Mercado Donde la Competencia no Tiene Importancia,* (Editorial Norma, 2005).

"enfoca" en un sector o segmento limitado del mercado. La estrategia de foco a su vez puede subdividirse en: foco en costo o foco en diferenciación, dependiendo del tipo de ventaja competitiva que quiere aplicar al segmento[11].

Si tuviéramos que identificar el tipo de estrategia que siguió **Café Martínez** al comienzo de su etapa como empresa de servicio, podríamos asimilarla a la que Porter identifica como "foco en la diferenciación". Dice Karami que "si la firma adopta una estrategia de foco en la diferenciación, se dice que está siguiendo una estrategia de nicho. Esta es una estrategia muy atractiva para las pymes"[12]. Coinciden en esta línea de pensamiento Miles y Snow; ellos dicen que la estrategia de nicho es ampliamente usada por los emprendedores dado que les demanda menos recursos y evita la confrontación directa con competidores más grandes y con mayores posibilidades[13]. **Café Martínez** inicialmente se dirigió a una fracción muy acotada del mercado de alto poder adquisitivo ubicada en las zonas de Barrio Norte y Recoleta de Buenos Aires, procurando posicionarse no solo como distinta de sus competidores sino hasta en cierto punto creando una nueva categoría: la de "cafetería gourmet" haciendo eje en el café de calidad, más *delicatessen* que *commodity*. En esta etapa inicial **Café Martínez** advierte que sus clientes son receptivos a consumir un producto de calidad por sobre un producto más barato, lo que le permite hacer uso de una política de precios acorde.

Cinco años más tarde de poner a punto el concepto gourmet, **Café Martínez** pasó de la estrategia de foco a una estrategia de diferenciación, dado que su mercado objetivo dejó de ser el acotado público de barrios de alto poder adquisitivo para pasar a ser el país entero e incluso el extranjero.

---

[11] Porter, "Competitive Advantage".

[12] Azhdar Karami, *Strategy Formulation in Entrepreneurial Firms* (Hampshire, Inglaterra: Ashgate Publishing, 2007), 52.

[13] Raymond Miles, Charles Snow, *Organisational Strategy, Structureand Process* (Stanford University Press, 2003).

En palabras de Porter, "[La estrategia de] Diferenciación provee aislación respecto a la rivalidad de los competidores debido a la lealtad de marca de los clientes y la resultante menor sensibilidad al precio"[14]. Ya hemos visto en la parte 2 de este libro cómo hizo **Café Martínez** para construir su marca. Veremos en los dos capítulos siguientes cómo llegó a esa ventaja competitiva diferencial e innovadora y cómo la hizo crecer a través de un modelo de franquicia exitoso para ir en pos ya no de un nicho sino de una porción significativa del mercado.

---

[14] Micahel E. Porter, *Competitive Strategy* (Nueva York: Free Press, 1980), 38.

Capítulo 5

La propuesta de valor

5.1 Todo alrededor del café

Recapitulemos un poco la historia de **Café Martínez** para entender en qué contexto se tomó la decisión estratégica de pasar de un negocio de venta mayorista de producto a crear un nuevo concepto en el negocio de los servicios.

Nacida en 1933, la empresa transcurrió sesenta años de vida siendo un importador, tostador y distribuidor de café para el mercado mayorista de bares, restaurantes y hoteles, con una dedicación marginal a la venta minorista de café en grano o molido en el mostrador de su único local a la calle. Dedicarse al mercado mayorista le traía aparejado a **Café Martínez** serias dificultades para hacer valer la calidad de su producto, dado que al fin de cuentas en un mercado de *commodities,* la negociación termina siendo simplemente una puja por el precio.

Esa restricción del mercado en el que operaban hizo que la nueva generación de emprendedores de la empresa, reconsiderara a fondo el modelo de negocio tradicional, lo que daría paso al nuevo modelo que vendría.

Lo cuenta de esta manera Marcelo Salas Martínez:

> Nosotros creíamos vender un café de calidad y tratábamos de soste-
> ner la calidad del producto, pero nuestros clientes habituales de los
> de los bares y restaurantes lo que nos pedían era precio. La verdad
> que era aburridísimo estar peleando siempre por el precio. Era un
> "plomazo" vender café mayorista Por eso dijimos: "vamos a vender un
> café de calidad como nosotros creemos que hay que venderlo" y allí
> nació la decisión[1].

Ese intento por sacar al producto de ser un *commodity* indiferenciado
llevó a los dueños de **Café Martínez** a transitar por distintas etapas
con algunos altibajos. La primera fue pasar de vender el café en grano o
molido a vender el café servido en la barra del local original, rediseñado
para tal efecto. Este primer cambio permitió a **Café Martínez** agregarle
valor a su producto cuidando su preparación y preservando la calidad
original de la que tanto se jactaba. Sin embargo, un buen café bien preparado y servido era condición necesaria pero no suficiente para sacar
al producto de la indiferenciación. De hecho la experiencia de consumo
no era nada especial, por el contrario. Al tratarse de un consumo en
barra era por definición breve y complejo, por ejemplo para el cliente
que venía con un maletín o una cartera y pretendía leer el diario a la vez
que tomar un café mientras sostenía sus pertenencias. Los dueños de
Café Martínez comprendieron entonces que no era suficiente con tener
un buen café y servirlo bien sino que el máximo valor agregado para el
cliente lo alcanzarían si creaban una experiencia de consumo destacable.

En esta dirección recorrieron un camino con algunos contratiempos.
Decidieron que era necesario dar un servicio más completo, sirviendo
el café en mesas y acompañándolo de algunos productos de panadería y
pastelería, cosa que empezaron a hacer en locales que fueron abriendo.

---

[1] Marcelo Salas Martínez, "Living Case" (presentación, Facultad de Ciencias de la
Administración de la Universidad del Salvador, 3 de noviembre de 2011).

Se encontraron entonces con que en esas nuevas cafeterías que habían abierto, se registraba un buen consumo en la mañana y la tarde, pero caía fuertemente al mediodía. Para contrarrestar esto pusieron en marcha una experiencia en un local muy grande que habían alquilado en el patio de comidas de Galerías Pacífico. Allí cambiaron la carta e incluyeron una amplia variedad de platos elaborados, lo que requería, inclusive, la contratación de cocineros. Efectivamente la iniciativa dio sus frutos en cuanto a aumentar la facturación en la franja del mediodía, pero sorpresivamente hizo caer drásticamente la facturación en las franjas de la mañana y de la tarde, típicamente fuertes para una cafetería. Se habían convertido en un bar más de Buenos Aires, alejado del negocio en el que ellos eran fuertes por diferenciación. Lo que pasó fue una buena demostración empírica de los riesgos que corre un negocio al no tener una identidad definida. Se habían alejado del "corazón del negocio" usando palabras de Marcelo. La experiencia fue muy aleccionadora dado que les marcó claramente que en su camino de desarrollo no debía apartarse de lo que Hammel y Prahalad denominan la "competencia esencial", que en **Café Martínez** podría expresarse como "todo alrededor del café"[2].

Sabiendo enfocar bien el negocio se pueden superar los obstáculos sin poner en riesgo su esencia. Por ejemplo la caída de consumo al mediodía requirió el desarrollo de nuevos productos, pero que en ningún caso contrastaran con el café. Diseñaron una carta que imaginariamente podría ser descripta como "ubicando al café en el centro" y alrededor de él un conjunto de productos que no lo opacaran sensorialmente y lo pusiesen en segundo plano. El resultado fue que sin traicionar su esencia pudieron, con creatividad, tener una facturación balanceada a lo largo del día.

La experiencia acumulada a través de este camino de prueba y error los ayudó a poder definirse de esta manera: "Somos especialistas en café por

---

[2] C.K. Prahalad, Gary Hamel, "The Core Competence of the Corporation," *Harvard Business Review* Vol. 68, N°. 3 (1990): 79–91.

conocimiento y tradición"[3]. En ese espacio son fuertes en su diferenciación, como se ha podido corroborar a lo largo de la investigación que realizamos.

Esa especialización puso delante de ellos un desafío para poder ampliar el mercado y afianzar su posición competitiva: educar al cliente, dado que nadie valora lo que no entiende. Educar al cliente implicó explicarle que un café no es un producto simple e invariable, sino que juegan una cantidad de aspectos como el origen, la variedad de planta, la forma de tostado y la forma de preparación, entre otras cuestiones. Eso lo hicieron fundamentalmente capacitando al personal para que supiera transmitírselo al cliente y a través de comunicaciones directas como *newsletters* que ubicaron por largo tiempo en cada una de las mesas de los primeros locales.

Ser "especialistas en café" se interpreta desde el punto de vista de las estrategias básicas de posicionamiento de servicios, como "enfocarse" en una oferta de servicios relativamente estrecha. Aclaremos que aquí el término "posicionamiento" no tiene la connotación propia de la comunicación publicitaria, sino que tiene que ver con la posición estratégica que la marca ocupa relativa a su competencia.

Según Lovelock "[el Enfoque] es la base de prácticamente todas las estrategias exitosas de las empresas de servicios que han identificados los elementos más importantes en sus operaciones y que han concentrado sus recursos en ellos"[4]. La Figura 5.1 ilustra los distintos tipos de enfoque en base a las diversas estrategias de posicionamiento de servicios.

---

[3] Información obtenida con autorización de Martínez Hnos. del Manual de Cultura Martínez, Módulo: La Empresa, de circulación interna.
[4] Christopher Lovelock, Whirtz, Jochen, *Marketing de Servicios. Personal, Tecnología y Estrategia,* 6ta. Edición,(México: Pearson Education, 2009). 186.

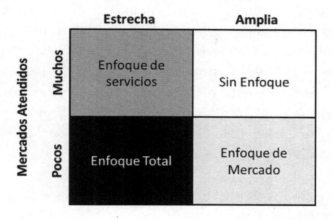

Amplitud de la Oferta de Servicios

Figura 5.1: Estrategias básicas de posicionamiento de servicios. *Fuente:* adaptado de Robert Johnston, "Achieving Focus in Service Organizations", *The Service Industries Journal,* 16 (Enero, 1996): 10-20. Traducción del autor.

Cuando esa especialización en el servicio se dirige a un segmento de mercado relativamente acotado se dice que se está frente a un posicionamiento de Enfoque Total[5]. Como hemos dicho en la Introducción a la Parte 3 de este libro, este tipo de estrategias son muy atractivas particularmente para las pymes dado que demanda menos recursos, no lleva a chocar frontalmente con empresas más fuertes e inclusive, en función del segmento al que sea dirigida, permitirá fijar precios más altos. Esto no quiere decir que una estrategia de Enfoque Total esté libre de riesgos, dado que ante cambio de las condiciones del mercado, sea por la economía o por la aparición de competidores, el acotado segmento que se eligió como objetivo puede reducirse aún más. Además, es una estrategia que puede ser útil para dar los primeros pasos pero no para crecer dado que el flujo financiero que generará el negocio estará acotado por el limitado tamaño del segmento que se eligió.

---

[5] Robert Johnston, "Achieving Focus in Service Organizations," *The Service Industries Journal,* 16 (enero, 1996): 10-20.

A través del Enfoque Total, **Café Martínez** se dirigió inicialmente a un grupo acotado de potenciales clientes, ubicando sus cinco primeros locales especializados en café en limitadas zonas residenciales de buen poder adquisitivo de la Ciudad de Buenos Aires. Esa primera etapa de "cafetería gourmet" en la que **Café Martínez** llevó a cabo la mencionada estrategia de Enfoque Total, le permitió probar el concepto a través de pocos locales que verificaron la viabilidad del mismo en su período más turbulento, que para todos los emprendimientos son los primeros años. En el caso de ellos fue el período de desarrollo abarcó desde 1995 a 2000.

Superada esa etapa crítica de desarrollo inicial, se pasó a una etapa de fuerte crecimiento y la estrategia dejó de ser de Enfoque Total y pasó a estar más cerca de una estrategia de Enfoque de Servicios, dado que se amplió el mercado al cual se dirigieron, incorporando nuevas ubicaciones en zonas más heterogéneas en términos de composición socioeconómica, pero manteniendo igualmente el posicionamiento de "especialista en café".

Dos elementos clave de este proceso de crecimiento fueron el desarrollo un exitoso modelo de franquicia que será analizado detalladamente en el capítulo siguiente y la clara definición del "concepto del servicio" que veremos a continuación.

5.2 Definir el concepto

Un negocio, sea alrededor de un producto o de un servicio nace siempre como una idea. La idea es una imagen que tenemos en nuestra mente y es el paso inicial, aunque no el inmediato anterior a que el negocio se haga realidad. Según la filosofía platónica, la idea habita en el "mundo inteligible" y lo que procuraremos es llevarla al "mundo sensible", el mundo que percibimos, lleno de imperfecciones y limitaciones. Por eso la idea de negocio debe pasar a otro estadio y convertirse en algo más preciso para poder ser evaluada y eventualmente ejecutada.

Como sabemos, el "mundo sensible" de los servicios está compuesto por elementos tangibles e intangibles. Shostack en su obra seminal *Breaking Free from Product Marketing* (Liberándonos del marketing de productos) dice que la "entidad servicio" es como una molécula química cuyos elementos pueden ser tanto tangibles como intangibles[6]. Su Modelo Molecular es una representación gráfica que no solo ofrece la posibilidad de visualizar de manera integral "entidades de servicio" existentes, sino que a la manera de los mapas mentales que popularizó Anthony Buzan, permite generar, visualizar y estructurar ideas de servicio para poder acercarnos a su concreción[7].

La idea de **Café Martínez** como cadena de cafeterías nace alrededor de un núcleo tangible que es el café de calidad y se desarrolla integrando diversos elementos tangibles e intangibles para llegar a una entidad distinta. La Figura 5.2 esquematiza lo que podríamos denominar la Molécula **Café Martínez**.

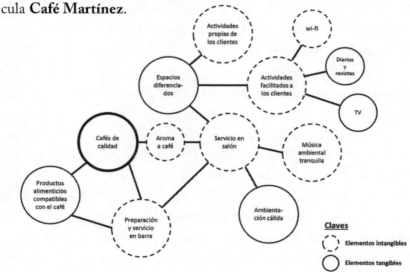

Figura 5.2: Molécula Café Martínez. Desarrollada en base al Modelo Molecular de Shostack.

---

[6] G. Lynn Shostack, "Breaking Free from Product Marketing," *The Journal of Marketing,* Vol. 73 N°80 (1977).

[7] Tony Buzan, Barry Buzan. *The Mind Map Book How to Use Radiant Thinking to Maximise Your Brain's Untapped Potential* (Nueva York: Dutton, 1993).

A través de este esquema se puede explicar bien cómo se fue configurando la idea del servicio. A partir del producto café, se le agregó la posibilidad de prepararlo y servirlo en la barra acompañado por otros alimentos que debían ser compatibles a los efectos de no opacarlo. Esto sería lo que algunos autores como Lovelock denominan el "producto básico"[8]. A esto se le adosó la posibilidad del servicio en el salón a través de camareros, en un lugar que cuenta con una ambientación cálida dada por los materiales, colores, iluminación y elementos de decoración utilizados, sumados a la música y al aroma del café molido, en un sitio físico que permite crear espacios diferenciados para que los clientes lleven a cabo distintos tipos de actividades, algunas de las cuales están facilitadas por la empresa para lo que se agregan elementos adicionales como diarios y revistas, televisión o el servicio de Internet inalámbrico. Obsérvese cómo los elementos tangibles e intangibles se ven intercalados para configurar en su conjunto una entidad de servicio única que incluye tanto al producto básico como a los servicios complementarios, es decir los servicios "que amplían el producto básico, facilitando su uso y aumentando su valor y atractivo"[9].

Sin embargo, acertadamente cuestionan Goldstein y otros cuando dicen que "Desde la perspectiva de una organización de servicio, diseñar un servicio significa definir la apropiada mezcla de componentes físicos y no físicos ¿Pero definen los clientes un servicio como la suma de componentes?"[10]. En esta línea Clark, Johnston y Shulver advierten que es preciso definir a los servicios como un conjunto de elementos que enmascara su complejidad. "Un día en *Magic Kindom* de Disney es más probable que sea definido por sus diseñadores y visitantes como una experiencia mágica que como seis juegos y una hamburguesa en un parque

---

[8] Lovelock, *Marketing de Servicios,* 70.

[9] Ibíd

[10] Susan Meyer Goldstein, Robert Johnston, JoAnn Duffy, Jay Rao, "The Service Concept: The Missing Link in Service Design Research?," *Journal of Operations Management,* Vol.20 N°2, (2002): 121-134.

limpio"[11]. Si bien desde el punto de vista del diseño es más fácil hacer un listado de los componentes tangibles e intangibles del servicio, es difícil que de esa manera se pueda describir la esencia del mismo, lo que lo hará valioso para los clientes y, consecuentemente, le permitirá a la empresa competir exitosamente.

Por ese motivo es fundamental que luego de desarrollar la idea del servicio y antes de llevarlo a la práctica se defina con claridad el concepto del servicio. Según Clark, Johnston y Shulver:

> El Concepto del Servicio es (…) más que el ADN del servicio o los elementos que lo integran. Es la imagen mental del servicio que tienen los clientes, empleados y accionistas de la organización o la "representación mental" del servicio[12].

Estos autores dicen que el concepto de servicio "encapsula la naturaleza del negocio de servicio y captura el valor, la forma y función, experiencia y resultados del servicio"[13].

Valor: es aquello por lo que los clientes están dispuestos a pagar.
Forma y función: la manera en que se crea y entrega el servicio, es decir los aspectos operativos.
Experiencia: la vivencia desde la percepción de los clientes.
Resultados: los beneficios, explícitos o implícitos que la organización le provee al cliente.

---

[11] Graham Clark, Robert Johnston, Michael Shulver, "Exploiting the Service Concept for Service Design and Development," en *New Service Development: Creating Memorable Experiences,* Ed. James Fitzsimmons, Mona J. Fitzsimmons, (SAGE, 2000), 72.

[12] El término original usado por los autores es "service in the mind". Indican que lo han adaptado del "psicoanálisis" de organizaciones, citando como antecedente a Armstrong quien usa la frase "organisation in the mind" para expresar la idea de que los empleados podrían tener diversas imagines mentales y supuestos respecto del verdadero propósito de la organización y que esto habitualmente difiere de la imagen pública de la compañía. Ver Clark et al., "Exploiting the Service Concept,".72.

[13] Ibíd.

Lo interesante de esta definición es que más allá de los aspectos operativos de diseño desde la perspectiva de la empresa, incorpora la perspectiva de los clientes sobre lo que van a obtener.

Café Martínez ofrece en este sentido un buen ejemplo de cómo definir un concepto de servicio:

> Nuestro eje de negocio es el café, creemos que la forma de vender más es generando en el cliente un momento especial, un "Momento Martínez", en el cual se sienta a gusto en la cafetería, con productos ricos y originales que exploten todo el sabor del café combinado con otros ingredientes.(…) El cliente que entra a **Café Martínez**, ya sea para tomar un café con alguien que quiere, para enviar un mail de trabajo o simplemente para hacer tiempo, debe llevarse como recuerdo, un instante único, rodeado de una atmósfera especial formada por aromas, sabores, colores, sumado a una atención y asesoramiento personalizados, que brinda todos los días nuestro equipo profundamente comprometido con esta idea[14].

Es interesante ver cómo esta definición del concepto de servicio de **Café Martínez** incorpora los elementos propios de la idea del servicio que forman parte de la Molécula **Café Martínez** pero además, se podrá apreciar que en esta definición están explicitados el valor, la forma y función, la experiencia y los resultados tanto para el cliente como para la empresa.

Como se ve, el concepto de servicio es más que una idea. Una idea puede convertirse en concepto pero para esto requiere ser discutida, confrontada y desarrollada en las cuatro dimensiones antes detalladas. El concepto puede ser operacionalizado, es decir es accionable, lo que no ocurre con una idea dada su vaguedad. Es por eso que una buena

---

[14] Información obtenida con autorización de Martínez Hnos. del Manual de Inducción, usado para la capacitación del personal, de circulación interna.

idea de negocio no es necesariamente un buen negocio. Tampoco debe confundirse al concepto de servicio con la misión o la visión. La visión refiere al futuro y la misión con el propósito, en cambio el concepto es lo que lo que la firma hace y lo que los clientes pueden esperar hoy de ella. Otra posible confusión puede darse con el concepto de posicionamiento publicitario de Ries y Trout por aquello de que ambos son una suerte de "imagen mental", sin embargo el posicionamiento nada dice en cuanto a cómo opera la marca[15]. El concepto de servicio puede incluir conceptos de posicionamiento, pero va más allá y provee elementos que sirven como herramientas de diseño para la operación, como ser por ejemplo, la manera en que se entregará el servicio. En ese sentido es una guía para que los gerentes de operaciones revisen críticamente su gestión y encuentren oportunidades de mejora.

En empresas como **Café Martínez** el concepto de servicio es clave dado que al operar bajo un modelo de franquicia, la manera en que se desea que opere la firma debe ser explícitamente enunciada, del mismo modo que aquello que será apreciado por el cliente para evitar que todo recaiga en vender más barato como única forma de generar atracción, tal como veremos a continuación.

5.3 El desafío de no vender precio

Como se narró al comienzo del presente capítulo, en la época en que **Café Martínez** se desempeñaba fundamentalmente en el sector mayorista, las negociaciones con sus clientes se establecían recurrente y monótonamente siempre alrededor del precio. Esa frustración de no poder hacer valer la calidad del producto y sentir que el único atributo a considerar por el cliente gastronómico era esa variable fue, como se vio, uno de los motivos que llevó a la nueva generación a pensar en otro modelo

---

[15] Al Ries, Jack Trout, Positioning: The Battle for your Mind (McGraw-Hill, 1981). En español: *Posicionamiento: el Concepto que ha Revolucionado la Comunicación y la Mercadotécnica* (McGraw-Hill de Management, 2001).

de negocio: llegar directamente al consumidor final con un nuevo concepto en consumo de café servido. Sin embargo cambiar el formato del negocio y pasar de ser mayorista a minorista no es condición suficiente para que a partir de allí se pueda manejar la variable precio con mayor libertad. Se necesita hacer otras cosas.

Dice Leonard Berry que muchas empresas de servicio al manejarse en el mundo de lo intangible y no poder refugiarse en diferenciaciones físicas, tienden a utilizar de manera exagerada al precio como herramienta de marketing. No encuentran la manera de mostrarse distintas y optan por un camino que es de fácil y rápida implementación pero de riesgosas consecuencias como bajar el precio, dado que sin una calidad diferenciada no hay resguardo cuando los competidores bajen aún más el precio[16]. Sobrevivirá el que tenga mejor capacidad financiera. Prahalad agrega que "Productos y servicios están enfrentando una 'comoditización' como nunca antes. Ciertamente las empresas no pueden escapar de ser súper eficientes. Sin embargo, si los consumidores no ven alguna diferenciación comprarán inteligentemente lo barato"[17].

Identifica Berry que "Uno de los principales errores que cometen los managers es suponer que para los clientes, valor y precio significan lo mismo"[18]. Ante esta confusión, la tarea de fijar un precio se torna sumamente complicada. Lovelock dice que es necesaria "una buena comprensión de los costos, los precios de los competidores y el valor creado para los clientes. Esto parece sencillo, pero es un verdadero desafío para las empresas de servicio"[19]. Costos, competidores y clientes son elementos a tener en cuenta en forma conjunta, es un error considerar que se podrán fijar los precios considerando a esos aspectos en forma aislada.

[16] Leonard Berry, *Cómo Descubrir el Alma del Servicio: Los Nueve Motores del Éxito Empresario Sostenido* (Buenos Aires, Granica, 2000), 33.

[17] C. K. Prahalad, Venkat Ramaswamy, "Co-creation Experiences: The next Practice in Value Creation," *Journal of Interactive Marketing* Vol.18, N°3 (2004).7.

[18] Berry, *Cómo Descubrir el Alma del Servicio,* 33.

[19] Lovelock, *Marketing de Servicios,* 124.

La fijación de precios en base a los costos es, como dicen Nagle y Holden, una "ilusión", a pesar de ser uno de los procedimientos más usados, tal vez por lo fácil de realizar. Cuestionan estos autores:

> ¿Cómo deberían entonces los gerentes abordar el problema de la fijación de precios para cubrir los costos y alcanzar los objetivos de beneficios? No deberían hacerlo. La pregunta en sí misma refleja una percepción errónea del papel de la fijación de precios, una percepción basada en la creencia de que uno puede determinar primero los niveles de venta, luego calcular los costos unitarios y los objetivo de beneficios, y luego fijar un precio. Una vez que los gerentes se den cuenta de que el volumen de venta (suposición inicial) depende del precio (el final del proceso), la errónea circularidad de la fijación de precios en función de los costos resulta evidente[20].

La fijación de precios basada en los costos sigue una secuencia equivocada que es exactamente inversa a la que debería seguirse para fijar el precio en función del valor. La fijación en base al precio se concentra en el producto, en cambio la basada en el valor parte del cliente. Las secuencias inversas seguidas por estos dos criterios se ilustran en la Figura 5.3.

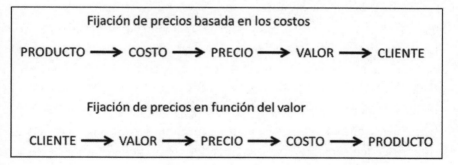

Figura 5.3: El papel de la fijación de precios en el desarrollo de producto.
Fuente: Adaptado de Thomas T. Nagle y Reed K. Holden, *Estrategia y Tácticas para la Fijación de Precios: Guía para Tomar Decisiones Beneficiosas* (Ediciones Granica, 1998), 27.

---

[20] Thomas T. Nagle, Reed K. Holden, *Estrategia y Tácticas para la Fijación de Precios: Guía para Tomar Decisiones Beneficiosas* (Ediciones Granica, 1998), 26.

El esquema anterior destaca la importancia de invertir el proceso partiendo de una estimación de valor para el cliente, lo que llevará a que el precio a fijar guíe las decisiones relacionadas con los costos y no a la inversa.

Otro error habitual consiste en fijar el precio en base solamente a la competencia. Ese error puede convertirse en desastre cuando la decisión es situarse por debajo de los demás, dado que esa reducción de precio puede ser fácilmente igualada y "sólo ofrece una ventaja competitiva de corto plazo a expensas de márgenes permanentemente inferiores"[21] porque es bien sabido que luego será muy difícil volver a subirlos. Salvo que se cuente verdaderamente con una ventaja competitiva basada en los costos, el precio usado como elemento competitivo es sumamente peligroso y amenazante para la rentabilidad de la empresa.

En definitiva, si bien deben tenerse presentes tanto los costos como las referencias de la competencia, el camino más sensato consiste en fijar el precio en base al valor percibido por el cliente. Es clave vincular lo que los clientes pagan con lo que ellos reciben, "un cliente puede o no buscar el precio más bajo por un servicio, pero todos quieren algo que valga lo que tienen que pagar"[22]. Sin embargo, no es fácil definir el concepto de "valor percibido". Para Zeithaml, "Lo que constituye valor, aún en una misma categoría de producto, parece ser algo sumamente personal e idiosincrásico"[23]. Esta investigadora ha detectado en sus estudios exploratorios cuatro tipos de respuestas de los clientes: "valor es bajo precio", "valor es todo lo que quiero de un producto", "valor es la calidad que recibo por el precio que pago" y "valor es lo que recibo por lo que doy". Concluye Zeithaml que esas cuatro expresiones que recogió en sus estudios pueden ser sintetizadas en una definición global: "valor percibido

---

[21] Thomas T. Nagle, Reed K. Holden, *Estrategia y Tácticas para la Fijación de Precios: Guía para Tomar Decisiones Beneficiosas* (Ediciones Granica, 1998), 26.

[22] Manjit S Yadev, Leonard L. Berry, "Capture and Communicate Value in the Pricing of Services," *Sloan Management Review* 37, (1996), 41-50.

[23] Valarie A. Zeithaml, "Consumer Perceptions of Price, Quality, and Value: a Means-end Model and Synthesis of Evidence," *The Journal of Marketing*, (1988), 13.

es la evaluación general que el consumidor hace de la utilidad de un producto basada en percepciones de lo que recibe respecto a lo que da"[24].

Es interesante observar cómo en las definiciones de valor que dan los consumidores, éste se confunde con precio y calidad. Es esperable que valor y calidad se confundan, pero es muy probable que cuando a un cliente la marca no le significa nada o no puede hacer inferencias sobre la calidad intrínseca de un producto o servicio, prefiera utilizar al precio como guía para saber si está obteniendo valor. En ese caso poco se habrá hecho para poder fijar el precio en base al valor percibido, porque sencillamente el cliente no percibe ningún valor y sólo identifica un precio como punto de referencia. Tal como dicen Nagle y Holden:

> Los compradores se muestran menos sensibles al precio de un producto cuanto más valoran cualquier atributo único que los diferencia de los productos de la competencia. Este efecto del valor único es el razonamiento que sostiene los esfuerzos por diferenciar los productos y servicios de las empresas orientadas al marketing[25].

Mucho de lo que hemos descripto conceptualmente respecto a la fijación de precios lo hemos encontrado en el caso de **Café Martínez**. En el momento en que la empresa ingresa al negocio del café servido, empieza a competir con una inmensa cantidad de lugares que sirven café como bares, confiterías y "pizza-cafés". Evita tomar a estos competidores como referencia de precio a seguir y se sitúa en un precio un 20% superior a ellos, buscando un tipo de cliente que valoraría consumir un mejor producto en un ambiente apropiado y dispuesto a pagar más por ello, en definitiva recurrió a una fijación del precio basada en el valor percibido.

---

[24] Valarie A. Zeithaml, "Consumer Perceptions of Price, Quality, and Value: a Means-end Model and Synthesis of Evidence," *The Journal of Marketing*, (1988), 14.

[25] Nagle, *Estrategia y Tácticas para la Fijación de Precios*, 134.

No se equivocó la empresa en esta estrategia. En la encuesta que realizamos a clientes de cadenas de cafeterías, consultados sobre la afirmación "La relación precio-beneficio es muy positiva", **Café Martínez** obtuvo el mayor puntaje entre todos los competidores, a pesar de que al momento del estudio se situaba entre las de precios más alto para el café[26]. Si recordamos que valor percibido es "lo que recibo por lo que doy", podemos afirmar que la marca fue identificada como la que poseía el mayor valor percibido.

En las entrevistas que realizamos a clientes frecuentes de **Café Martínez**, cuando surgía el tema del precio, las opiniones en general coincidían en cuanto a que "**Café Martínez** tiene precios razonables"[27]. Esa razonabilidad la sustentan los clientes en una fuerte vinculación entre valor y calidad. Estos comentarios lo ilustran claramente: "[en **Café Martínez**] los precios son acordes con la calidad (…) se ven otras franquicias pero no tienen muy buena calidad. Acá el café [es de calidad] pero la torta también es de calidad"[28]. "[**Café Martínez** me transmite confianza] porque sé que acá voy a tomar un buen café y voy a comer rico y no son precios ahhhh [excesivos]"[29]. El valor atribuido a la calidad permite que la marca no sea comparable con alternativas de bajo precio. En palabras de un cliente: "Ya [el hecho de] venir a **Café Martínez** te pone en un nivel de cierta calidad. Tenés el bar de la esquina por precio"[30]. Efecti-

---

[26] Café Martínez obtiene el mayor puntaje con 3,61 en una escala de Likert de 5 puntos. 2138 respuestas de 1069 clientes que califican a su cafetería habitual y una alternativa. Encuesta a clientes de cadenas de cafeterías en el AMBA. Cuotas etarias a partir de 23 años. Masculinidad 51%. Realización: 1ra parte, Octubre 2011; 2da parte, Junio 2012.

[27] Entrevista en profundidad en sucursal Vte. López (Cap.Fed.) de Café Martínez a cliente masculino, mayor de 46 años, entrevistado por Ignacio Monti, 12 de agosto de 2012.

[28] Entrevista en profundidad en sucursal Barrancas (Cap.Fed.) de Café Martínez a cliente de género femenino, rango etario: 31-45 años, entrevistado por Mauricio Bogotá, 26 de junio 2012.

[29] Entrevista en profundidad en sucursal Barrancas (Cap.Fed.) de Café Martínez a cliente de género: femenino, mayor de 46 años, entrevistado por Mauricio Bogotá, 26 de junio de 2012.

[30] Entrevista en profundidad en sucursal Luis Ma. Campos (Cap.Fed.) de Café Martínez a cliente masculino, rango etario: 31-45 años, entrevistado por Guillermina Varzán, 22 de junio de 2012.

vamente, los clientes son conscientes de que no están pagando el precio más bajo pero eso no impide que para ellos siga siendo la marca elegida. "Yo vuelvo [a **Café Martínez**] porque acá estoy muy cómodo, el servicio es muy bueno. Es un poco caro, [sin embargo] el precio con relación al servicio y la calidad está correcto"[31].

Desde luego que estas valoraciones provienen de aquellos que perciben que reciben una retribución justa por lo que dan. Probablemente esa justicia del valor percibido por el precio pagado sea la razón por la que se han convertido en clientes habituales de **Café Martínez**. Seguramente habrá otros que no encuentren tal equilibrio y por tanto juzgarán excesivo el precio pagado o exiguo el beneficio recibido. No hay producto o servicio infalible ni posibilidad de satisfacción universal. De ahí la importancia para una empresa de saber a quién va a dirigir su propuesta de valor.

5.4 Enfocando en los clientes correctos

En 1994, al decidir **Café Martínez** lanzar su concepto innovador de comercio especializado en café, tuvo que decidir a qué público se iba a dirigir. Ellos sabían que lo que querían hacer era ofrecer una experiencia de consumo de café de calidad de una manera muy distinta a lo que era común entonces en los comercios de gastronomía, incluso los pertenecientes a sus propios clientes de venta mayorista. Como ya contamos, la primera experiencia la hicieron en el remodelado local original de la calle Talcahuano, agregando una barra para que los clientes pudieran no solo comprar café para llevar, sino también consumirlo servido en el lugar acompañado por una acotada oferta de productos como medialunas y muy poco más. La ubicación de ese local situado entre los barrios de Retiro y Recoleta, estaba en una zona que reunía muy buenas condiciones comerciales: alta circulación de peatones y una mezcla de público formado por residentes de la zona y profesionales, especialmente abo-

---

[31] Entrevista en profundidad en sucursal Cabildo (Cap.Fed.) de Café Martínez a cliente masculino, mayor a 46 años, entrevistado por Daniel Oddo, 22 de juniop de 2012.

gados, que trabajaban en la cercana zona de Tribunales, todos ellos no sólo de buen poder adquisitivo, sino con hábito de consumo cotidiano de café, además de cierta cultura del producto, no tanto referida al conocimiento de la infusión en sí, sino por el rito tan porteño del café como lugar de encuentro, siguiendo la tradición mediterránea europea.

Ese público se reconoció en el nuevo formato que lanzaba **Café Martínez**. Identificó que estaba dirigido a él y no le importó pagar algo más porque valoró no solo la calidad diferencial del producto sino el ámbito en el que se lo servía, apto para la pausa que podía hacer allí en su trajinar diario. Los cuatro locales propios que le siguieron procuraron buscar zonas con similares características, lo mismo que los primeros instalados bajo el formato de franquicia.

Tal vez el emprendimiento no hubiese tenido la misma suerte si no se hubiese sido tan certero al elegir dónde ubicar los locales, que es otra forma de decir: elegir al primer público al que se salía a conquistar. Otras zonas con otras características distintas en términos de flujo de circulación, poder adquisitivo y cultura del café muy probablemente hubieran dado un resultado diferente. Así, de esa manera, la marca se fue expandiendo y haciéndose conocida, no sólo por cercanía física sino también por boca a boca. Verdaderamente estos primeros clientes de **Café Martínez** contribuyeron fuertemente en su difusión. Cuenta una clienta que concurre asiduamente con un grupo de amigas a uno de los primeros locales de la cadena, "Nosotras tomábamos café del otro lado de la plaza y una amiga muy 'cafetera' un día nos dijo '¿Ustedes no saben que el café de Martínez es mucho más rico?' A partir de entonces venimos acá"[32]. Encontramos en varios clientes frecuentes una identificación "prestigiante" relacionada con el hecho de ser cliente asiduo de **Café Martínez** y darlo a conocer. "Yo siempre lo recomiendo. Cualquier en-

---

[32] Entrevista en profundidad en sucursal Vte. López (Cap.Fed.) de Café Martínez a cliente de género femenino, mayor de 46 años, entrevistado por Ignacio Monti, 12 de agosto de 2012.

trevista que tengo la hago en **Café Martínez**, [es por] la imagen que da. Encontrarse acá no es lo mismo que en un café común"[33].

Decíamos en el Capítulo 4 que en las entrevistas a los clientes frecuentes, la alusión al "ambiente" fue un término que usaron muchos para explicar el motivo de elección de **Café Martínez**. "Me gusta el ambiente, por eso vuelvo"[34]. La palabra ambiente denota por un lado el espacio físico en sí o "ambientación", pero por otro lado habla de la identificación del cliente con los otros clientes que concurren al lugar, con ser un cliente habitué. Ese ambiente hace una verdadera autoselección de los clientes, en definitiva una forma operativa de segmentación. La imagen que transmiten las instalaciones y el personal son aspectos claves para la percepción del servicio por parte de un cliente, pero dentro de este conjunto de aspectos influyentes no debe dejarse afuera la afectación que terceros clientes ejercen sobre la experiencia de servicio y en general sobre la imagen del lugar. Brocato y otros han investigado este fenómeno e indican que "la presencia y comportamiento de otros clientes puede tener un mayor impacto en la influencia sobre la percepción del servicio que el contacto con el personal que da el servicio"[35].

La investigación citada demuestra que son tres los aspectos que influyen en la percepción de los otros clientes: similitud, aspecto físico y comportamiento adecuado. La similitud tiene que ver con la sensación de sentirse parte de un grupo de iguales y es generadora de una sensación de comodidad. Dicen estos investigadores que "Los consumidores serán más compatibles con otros clientes con los que se puedan identificar

[33] Entrevista en profundidad en sucursal Uriarte (Cap.Fed.) de Café Martínez a cliente masculino, mayor de 46 años, entrevistado por Alfonsina Ramos, 22 de junio de 2012.
[34] Entrevista en profundidad en sucursal Cabildo 2733 (Cap.Fed.) de Café Martínez a cliente de género femenino, mayor de 46 años, entrevistado por Macarena Flores, 22 de junio de 2012.
[35] E. Deanne Brocato, Clay M. Voorhees, Julie Baker, "Understanding the Influence of Cues from Other Customers in the Service Experience: A Scale Development and Validation," *Journal of Retailing* Vol.88 N°3, (2012): 384

y tenderán a evaluar a esos clientes positivamente en el entorno [de un negocio] minorista [de servicio]"[36]. Respecto al aspecto físico, Mc Grath y Otnes encontraron que en los locales de compra la gente tiende a interactuar con otros a los que visualmente juzga como parecidos a ella en base a edad, género y aspecto[37]. En cuanto al tercer factor, el comportamiento de los otros, es fácil de entenderlo con sólo pensar en la influencia que otros clientes molestos o por el contrario, amables y amistosos, tienen sobre nosotros.

Las investigaciones demuestran que "como sugiere la teoría de identidad social, los consumidores prefieren otros clientes que sean similares a ellos"[38]. Por tal motivo una empresa cuyo servicio se brinda en un ámbito en el que varios clientes comparten el lugar, no debe pensar que sólo debe cuidar la manera en que ella brinda el servicio porque la experiencia de cada uno de ellos se verá fuertemente influenciada por los demás. Es crítica la segmentación implícita que promueva la empresa, porque el tipo de cliente que predomine será un elemento de fuerte incidencia con respecto al posicionamiento de la marca. Un cliente lo expresa de esta manera: "A mí me gusta **Café Martínez** porque tiene una personalidad definida, saben a dónde van, al público que van"[39].

Existe un estereotipo de cliente de **Café Martínez** entre los entrevistados, especialmente los de mayor edad. Dicen ellos, "la clientela es una clientela tranquila, más bien formal, gente grande"[40]. Este tipo de cliente suele sentirse bien al verificar que los demás son como él. "La gente que

---

[36] E. Deanne Brocato, Clay M. Voorhees, Julie Baker, "Understanding the Influence of Cues from Other Customers in the Service Experience: A Scale Development and Validation," Journal of Retailing Vol.88 N°3, (2012): 386.

[37] Mary Ann McGrath, Cele Otnes, "Unacquainted Influencers: When Strangers Interact in the Retail Setting," *Journal of Business Research* Vol.32 N°3, (1995): 261–72.

[38] Brocato, *Understanding the Influence,* 394

[39] Entrevista en profundidad en sucursal Uriarte (Cap.Fed.) de Café Martínez a cliente de masculino, mayor de 46 años, entrevistado por Alfonsina Ramos, 22 de junio de 2012.

[40] Entrevista en profundidad en sucursal Cabildo (Cap.Fed.) de Café Martínez a cliente masculino, mayor a 46 años, entrevistado por Daniel Oddo, 22 de junio de 2012.

viene acá [a **Café Martínez**] se siente cómoda, es gente grande, seria, no son 'muchachones', es gente que quiere tomar un [buen] café"[41]. Sin embargo, esta caracterización encierra algunas inconsistencias. La investigación que realizamos mostró que contrariamente a lo que podía suponerse, **Café Martínez** tiene la segunda edad promedio más baja entre las cadenas de cafeterías principales[42]. Esta aparente contradicción entre lo que perciben los clientes mayores y lo que surge de la investigación puede explicarse en los siguientes términos, la hora del día a la que concurren los clientes al local está muy vinculada con la edad de ellos, a la mañana público mayor y por la tarde más jóvenes. Esa natural segmentación es sumamente provechosa porque cada público, en función de la hora del día, se siente más entre iguales. De cualquier forma hay un hilo conductor que vincula a todos los públicos por igual: todos ellos buscan un lugar tranquilo.

Hemos detectado que este atributo de tranquilidad que ofrece el lugar y que se evidencia en una música, colores e iluminación no estridentes, hace que muchos jóvenes encuentren al lugar apto para estudiar. Como dice una joven: "Lo que más me gusta [de **Café Martínez**] es el ambiente, tiene un buen ambiente para estudiar"[43]. Es interesante observar cómo esta persona alude al "ambiente" al igual que los mayores.

No sólo el "ambiente tranquilo", tan destacado por clientes de distintas edades, es un atributo que le permite a **Café Martínez** llegar a los segmentos más jóvenes, sino que la calidad del propio café ha hecho que en

[41] Entrevista en profundidad en sucursal San Miguel (Prov. Bs.As.) de Café Martínez a cliente masculino, mayor a 46 años, entrevistado por Raúl Torqui, 22 de junio de 2012.

[42] Excluyendo de ese cálculo a Mc Café por cantidad insuficiente de casos, Café Martínez obtiene el segundo lugar ordenando al público por edades de la más joven a las mayores, con una edad promedio de 39 años. Encuesta a clientes de cadenas de cafeterías en el AMBA. 1069 casos con cuotas etarias a partir de 23 años. Masculinidad 51%. Realización: 1ra parte, Octubre 2011; 2da parte, Junio 2012.

[43] Entrevista en profundidad en sucursal San Miguel (Prov. Bs.As.) de Café Martínez a cliente de género femenino, rango etario: 20-30 años, entrevistado por Raúl Torqui, 22 de junio de 2012.

los locales de **Café Martínez** de zonas en las que hay jóvenes trabajando o estudiando, haya tenido un fuerte impulso la compra de café en vasos térmicos para llevar o *take away*. Consultada una clienta joven sobre qué hábitos de concurrencia a **Café Martínez** tiene, nos respondió: "Depende, a veces paso y me lo llevo a la Facultad o vengo y me lo tomo en la barra o vengo y me siento acá a estudiar con un compañero o sola"[44]. El caso, además de ser un excelente ejemplo de cómo una misma persona puede co-crear tres experiencias de servicio distintas en el mismo lugar, en distintos momentos, destaca la importancia del producto café per se, al que se elige para ser consumido incluso fuera del local. En nuestra investigación, el segmento de los jóvenes es el que le da la mayor calificación a **Café Martínez** respecto a la afirmación "la calidad del café que sirven es muy buena", por sobre la calificación que le otorgan a otras cadenas y la que recibe el propio **Café Martínez** por parte de segmentos de mayor edad[45].

En definitiva saber elegir a los clientes es una decisión estratégica relevante, pero es particularmente crítica cuando se debe identificar a quienes serán los clientes iniciales, porque si no se cuenta con demasiados recursos, estará en manos de ellos la difusión de la marca a través de su boca a boca. Descifrar si la propuesta de valor de la marca se corresponde con los deseos de este grupo de clientes pioneros es fundamental. Luego, una vez que la marca alcanzó su "masa crítica" y la misma se empieza a ver por todos lados, otros grupos de clientes la adoptarán. Algunos porque le encontrarán valor, como los jóvenes a los que aludíamos recién. Otros la adoptarán por imitación. Como dice uno de estos clientes "seguidores": "[**Café Martínez**] me trans-

---

[44] Entrevista en profundidad en sucursal San Miguel (Prov. Bs.As.) de Café Martínez a cliente de género femenino, rango etario: 20-30 años, entrevistado por Raúl Torqui, 22 de junio de 2012.

[45] Entre edades 23-40 la afirmación "la calidad del café que sirven es muy buena" recibe una calificación de 4,45 en escala Likert 1-5, que supera en ese segmento etario la que reciben las demás cadenas. Entre el total de la muestra de clientes de Café Martínez de todas las edades mayores a 23 años, la calificación de esa afirmación es de 4,33.

mite confianza porque está en todos lados. Si está en todos lados algo bueno tiene que tener"[46].

Veremos en el capítulo siguiente cómo hizo **Café Martínez** para estar "en todos lados".

[46] Entrevista en profundidad en sucursal Uriarte (Cap.Fed.) de Café Martínez a cliente de género femenino, rango etario: 31-45 años, entrevistado por Alfonsina Ramos, 22 de junio de 2012.

Capítulo 6

La franquicia como estrategia de crecimiento

6.1 La franquicia que inventó un cliente

En 1995 **Café Martínez** empieza a operar su nuevo concepto de negocio mediante locales propios, llegando a un total de 5 aperturas para el año 2000[1]. Si bien la empresa tenía más de sesenta años de experiencia en el negocio mayorista del café, no la tenía en el negocio gastronómico minorista de vender ese mismo café, pero servido en un local. En ese período fueron aprendiendo y ajustando el nuevo concepto, innovador entonces, de consumo de café en un negocio especializado que no tuviera otros olores que los propios del aroma del café ni otras sensaciones que no fueran las más adecuadas para ese tipo de consumo.

Con ajustes y mejoras, el concepto se fue perfeccionando en tal grado, que generó un flujo creciente de clientes, lo que trajo como consecuencia la apertura sucesiva de los cinco locales propios. En esa instancia

---

[1] Los cinco locales nunca estuvieron funcionando al unísono, dado que uno de ellos fue la variación del concepto original que intentaron desarrollar en Galerías Pacífico y que posteriormente fue cerrado. El máximo de locales que funcionaron simultáneamente fue cuatro para el año 2000.

fue cuando uno de los clientes de entones, entusiasmado por lo que estaba observando, tuvo la iniciativa de acercarse a los Salas Martínez con una propuesta tentadora: "¡Quiero poner un local como éste!". Hay que tener presente que por ese entonces la marca no era lo que lograría ser tiempo después, de modo que lo que el cliente vio fue un concepto con un enorme potencial de negocio. Vistos los resultados posteriores, podemos afirmar que no se equivocó. Cuenta Marcelo Salas Martínez: "No había demasiado en ese momento sobre franquicias, fuimos investigando y [a este cliente le] dimos la primera 'licencia de marca'"[2]. Ese primer local no propio se ubicó en la esquina de la Av. Córdoba y la calle Paraná, en la Ciudad de Buenos Aires.

La aparición de ese cliente, que se convirtió en el primer franquiciado, les removió un obstáculo que estaban enfrentando para el acceso a fuentes de financiación para el crecimiento. Afirma Marcelo: "Vimos que era una buena solución porque no obteníamos los créditos que necesitábamos [para expandirnos]"[3]. En la literatura académica especializada en el tema, precisamente ese es uno de los principales justificativos usados para explicar por qué las empresas recurren al modelo de franquicia y es conocida como la teoría de la escasez de recursos[4]. En países como la Argentina, con escaso desarrollo del mercado de capitales para empresas pymes, esta era casi la única opción disponible.

Lo cierto es que este inicial escollo que le impedía llegar a los recursos necesarios para poder crecer, hizo que **Café Martínez** encontrara en el

---

[2] Marcelo Salas Martínez, entrevista del autor, 19 de agosto de 2012. El tipo de contrato fue más sencillo que uno de franquicias y fundamentalmente daba la autorización para el uso de la identidad de marca.

[3] Salas Martínez, entrevista antes citada.

[4] Sobre este justificativo se pueden consultar: Alfred Oxenfeldt, D. Thompson, "Franchising in perspective," *Journal of Retailing* Vol. 44 N° 4 (1969). Urban B. Ozanne, Shelby D. Hunt, *The Economic Effects of Franchising* (Marketing Classics Press, 2011). Una visión crítica tiene Seth W. Norton, "An Empirical Look at Franchising as an Organizational Form," *The Journal of Business,* Vol. 61, No. 2 (Abril 1988).

uso intensivo del modelo de franquicia, una estrategia para poder llegar a tomar la dimensión que la cadena tiene hoy con cien bocas, de las cuales sólo cinco son de la propia empresa y el resto son franquiciados tanto en el país como en el exterior. El fuerte crecimiento año a año lo muestra la Figura 6.1.

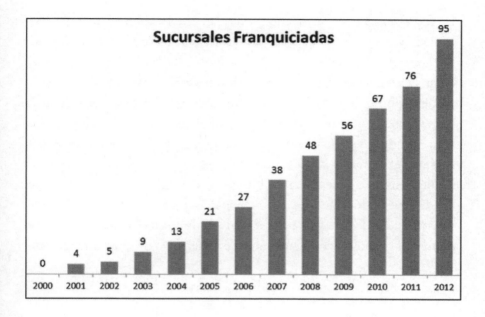

Figura 6.1: Cantidad de sucursales franquiciadas. Elaboración propia en base a información provista por Café Martínez.

Como dijimos al comienzo de este capítulo, los años que transcurrieron desde 1995 a 2000 fueron buenos para probar el nuevo concepto a través de las sucursales propias y asegurarse de que podían estar a la altura de lo que aspiraban ser: una experiencia distintiva para el consumo de café. Sin embargo, como vimos en los capítulos 2 y 3, un gran impulsor para lograr que la marca **Café Martínez** se convirtiera en una marca valiosa lo dio el boca a boca que los propios clientes hicieron una vez que habían pasado por dicha experiencia. Y para eso fue necesario que el nuevo logo, con los nuevos colores, en la nueva marquesina, fuera visible en los distintos barrios de la Ciudad de Buenos Aires, luego en las principales ciudades de la Argentina y posteriormente en las principales capitales de los países vecinos. Fue entonces que la marca cobró la notoriedad que hoy tiene y esto no podría haber sido posible sin el sistema de franquicias utilizado.

La franquicia fue un instrumento fundamental para la estrategia desarrollada y sin dudas podemos afirmar que fue clave en el éxito logrado por la empresa, no solo desde el punto de vista de marketing, al permitirle desarrollar una marca valiosa en el mundo de los servicios, sino también desde el punto de vista financiero, considerando los crecientes flujos de ingresos generados por los *fees* y *royalties* de la franquicia. Observan algunos autores que el aumento de los ingresos de un franquiciante se da más por el aumento de la cantidad de locales de la franquicia que por el aumento de las ventas en los locales existentes[5]. Además no debemos olvidar que **Café Martínez** nunca dejó de ser un importador, elaborador y distribuidor de café y que como tal, la multiplicación de bocas le genera un casi proporcional incremento de su negocio original de producto.

6.2 Entendiendo el modelo de franquicia

Actualmente la franquicia como formato empresarial ha alcanzado un elevado grado de madurez en el mundo. En EE.UU. y el Reino Unido, países que más han desarrollado el modelo de franquicias, este formato es responsable de un tercio y un cincuenta por ciento de las ventas minoristas respectivamente[6]. Según algunas firmas profesionales especializadas en franquicias, en Argentina más de 500 empresas otorgan franquicias y un 20% de ellas tiene franquiciados no sólo en el país sino

---

[5] Ver Seth W Norton, "Franchising, Brand Name Capital, and the Entrepreneurial Capacity Problem," *Strategic Management Journal,* Vol. 9 (1988): 105-114; Kabir C. Sen, "The Use of Franchising as a Growth Strategy by US Restaurant Franchisors," *Journal of Consumer Marketing,* Vol. 15, N° 4 (1998): 397-407.

[6] Anna Watson, et al. "Retail franchising: an intellectual capital perspective." *Journal of Retailing and Consumer Services* Vol. 12 N°1 (2005): 25.

también en el exterior, siendo el país líder en Latinoamérica en cantidad de locales fuera de sus fronteras[7].

Los orígenes más firmes del uso del modelo de franquicias tal como lo conocemos hoy, se remontan al siglo XIX en el que la Singer Sewing Machine Company lo utilizó en EE.UU. como manera de aumentar la distribución de sus máquinas de coser luego de la guerra de Secesión Norteamericana. Posteriormente las fábricas automotrices y las de bebidas embotelladas sin alcohol de dicho país usaron un sistema similar para mejorar la distribución de sus productos. Este tipo de franquicias fueron identificadas como *Product and Trade Name Franchise,* o franquicias de producto y marca, también conocidas como franquicias de distribución, en las que el fabricante daba el producto y permitía hacer uso de su marca y emblemas. Un ejemplo claro de esto en nuestros días son las concesionarias de autos. No obstante, esta no es la única forma de franquicia, más bien por el contrario, lo que actualmente conocemos como franquicia tiene que ver con un formato que no solo puede incluir el producto y la marca sino más bien el diseño integral del negocio lo que incluye una estrategia de marketing y fundamentalmente un *know how.*

Esta diferente naturaleza del concepto de franquicia ha hecho que desde el mundo académico se hayan dado diversas definiciones. Nosotros creemos que la más abarcadora es la de Curran y Stanworth en cuanto a que una franquicia es:

Una forma de negocio que consiste esencialmente de una organización (el franquiciante) con un paquete de negocio centrado en un producto o un servicio probado en el mercado, que entra en una relación contractual continua con franquiciantes, típicamente pequeñas

---

[7] Según una investigación del Estudio Canudas entre los años 2011 y 2012, citada en el blog Exportando Franquicias. http://exportandofranquicias.wordpress.com/2012/08/08/la-argentina-es-numero-uno-en-america-latina/, consultado el 12 de abril de 2013.

firmas independientes y autofinanciadas, gerenciadas por sus dueños, operando bajo la marca del franquiciante para producir y/o comercializar bienes o servicios de acuerdo a un formato especificado por el franquiciante[8].

La mencionada "relación contractual" involucra generalmente el pago del franquiciado hacia el franquiciante de un canon fijo o *fee* de acceso a la franquicia como también de royalties, normalmente en forma de un porcentaje de las ventas realizadas.

Existe un principio subyacente de especialización en el modelo de franquicia que permite lograr eficiencias al concentrar a cada una de las partes intervinientes en sus roles fundamentales, el franquiciante en mejorar el valor de la marca y el franquiciado en que ese valor de marca sea percibido por el cliente. No debe olvidarse que si bien un aspecto evidente del modelo de franquicia es la más cuidadosa réplica en la ejecución por parte del franquiciado del modelo de negocio, la capacidad de sobrevida de una franquicia la da su habilidad para la innovación y la adaptación, como dicen Stanworth y otros[9]. En este sentido el modelo le permite al franquiciante concentrar sus recursos en la innovación y el desarrollo y obtener economías de escala que luego puede trasladar a la cadena en áreas que son de su incumbencia como el desarrollo de acciones de marketing o aprender de la curva de experiencia que recorre a lo largo de las sucesivas aperturas de locales. Por cierto que estos beneficios son aprovechados tanto por el franquiciante como por sus franquiciados.

Además, desde el punto de vista del franquiciante, este modelo le da a la empresa, especialmente si es pyme, una alternativa viable de crecimiento dado que "se puede conseguir con inversiones reducidas trasladando la

---

[8] James Curran, John Stanworth, "Franchising in the Modern Economy-Towards a Theoretical Understanding," *International Small Business Journal Vol.2* N°1 (1983): 11.

[9] John Stanworth, et al.,"Business Format Franchising: Innovation and Creativity or Replication and Conformity?," *Franchising Research* Vol 1 N° 2 (1996): 29-39.

mayor parte de las inversiones a los franquiciados"[10]. Pero no debe verse esto sólo como un beneficio para el franquiciante, dado que "[u]na expansión rápida permite que la empresa incremente su reconocimiento de marca en el mercado y pueda expandir su demanda"[11], permitiendo que esa mayor notoriedad de la marca sea capitalizada también por los franquiciados, que se verán beneficiados en las ventas de sus propios locales a través del flujo de nuevos clientes que tal vez ya lo sean de otros locales de la cadena, además de la credibilidad que otorga una marca reconocida ampliamente.

Para explicar la relación entre franquiciado y franquiciante se recurre habitualmente a la conocida como teoría de la agencia[12]. Como dijimos anteriormente, existe una suerte de división por especialización funcional por la que el franquiciante delega en el franquiciado una cantidad de tareas de ejecución, pero esto no implicaría necesariamente que éste lo fuera a hacer de la manera en que aquel lo desea. Podría suceder que el franquiciado actúe guiado sólo por sus propios intereses. Sin embargo, al haber invertido el franquiciado capital y probablemente esfuerzo propio, tendrá especial interés en que el negocio funcione bien y para ello cuidará de seguir las indicaciones del franquiciante, por lo que naturalmente los intereses de ambos son compatibles. Así la franquicia resulta para el franquiciante una opción más interesante que la de expandirse a través de sucursales propias, porque en esta última opción es más difícil que los intereses de empleador y gerente de sucursal estén tan alineados[13].

[10] Enrique Carlos Díez de Castro, F. J. Rondán-Cataluña, "La Investigación sobre Franquicia," *Investigaciones Europeas de Dirección y Economía de la Empresa* Vol.10 N°3 (2004): 71-96.

[11] Yolanda Álvarez Castaño, "Análisis Dinámico de la Cadena de Franquicia," *Revista de Dinámica de Sistemas* Vol.3 N°1 (2007): 70-71.

[12] Michael C. Jensen, William H. Meckling, "Theory of the Firm: Managerial Behavior, Agency Costs and Ownership Structure," *Journal of Financial Economics* Vol.3 N°4 (1976): 305-360; y Eugene F. Fama, Michael C. Jensen, "Agency Problems and Residual Claims," *Journal of Law and Economics* Vol.26 N°2 (1983).

[13] Combs, James G., and David J. Ketchen. "Can Capital Scarcity Help Agency Theory Explain Franchising? Revisiting the Capital Scarcity Hypothesis," *Academy of Management Journal Vol. 42* No.2 (1999): 196-207.

La ventaja del modelo de franquicia respecto al de sucursales propias también se hace evidente al momento de tener que contratar los recursos humanos. Tal como dicen Solís Rodríguez y González Díaz, entre las posibilidades que tiene una empresa para crecer está hacerlo con personal propio[14]. Para esto tendrá que poner en marcha procesos de reclutamiento y selección, pero "puede ocurrir que los candidatos al puesto tengan incentivos a hacer creer al empresario que cumplen los requisitos exigidos para el mismo, pudiendo generarse, por lo tanto, un problema de selección adversa (Shane, 1996)". La franquicia permite superar los riesgos de esta "selección adversa" dado que "a través de los contratos de franquicia, se promueve la autoselección de los franquiciados más motivados" y se postularán los que verdaderamente crean que están a la altura del desafío, considerando que ellos son conscientes de que estarán invirtiendo una parte importante de su patrimonio y serán los principales perjudicados por una mala gestión. En este sentido el canon de ingreso a la franquicia obra como un instrumento de selección y de conocimiento del grado de compromiso del potencial franquiciado. Sólo los candidatos que confíen en sus capacidades serán los que se atreverán a pagar ese costo de ingreso con la expectativa de recuperarlo con creces a través de la operación de la franquicia[15].

Veamos ahora a la franquicia desde el punto de vista de los potenciales franquiciados y tratemos de entender qué es lo que hace que estas personas se interesen en este formato. Hay una diversidad de motivos que hace que muchos vean a la franquicia como una forma atractiva de autoempleo, dado su relativa facilidad de ingreso. Indica Stanworth que para muchas personas la transición desde ser un empleado a ser un dueño de un negocio independiente no es sencilla y en general es percibida como muy riesgosa dadas las dos barreras principales que

---

[14] Vanesa Solís Rodríguez, Manuel González Díaz, "La Franquicia como Estrategia de Crecimiento de las Pymes Españolas," *Conocimiento, innovación y emprendedores: camino al futuro.* Universidad de La Rioja (2007): 2748.

[15] Sobre auto selección en mercados laborales ver: J. Luis Guasch, Andrew Weiss, "Self-selection in the Labor Market," *The American Economic Review* Vol.71 N°3 (1981): 275-284.

se les presentan: la falta de información (conocimiento) y la falta de capital[16].

En general, la educación tradicional no prepara a las personas para que se autoempleen y la cantidad de saberes es tan diversa que aún personas formadas no tienen todos los conocimientos necesarios que incluyen: aspectos legales, contables, marketing, finanzas, recursos humanos, logística, entre otros. En cambio la franquicia les ofrece a los interesados en independizarse los siguientes beneficios que destaca Stanworth:

A diferencia de un negocio propio, no tienen que desarrollar la idea del mismo dado que esta viene detalladamente explicitada.

No necesitan experiencia previa en el rubro dado que reciben normalmente un importante entrenamiento no solo para la operación sino también sobre cómo montar el negocio.

Cuentan con apoyo permanente en forma de asesoramiento para la gestión e investigación y desarrollo para la creación de nuevos productos.

Minimizan el riesgo de fracaso, dado que muchas variables están más controladas y hay un soporte y seguimientos permanentes. No obstante sobre este aspecto no hay total acuerdo entre los investigadores.

Se apropian de inmediato de la notoriedad y reputación de la marca franquiciada, lo que les permite capitalizarlo de manera simbólica pero también concreta, como mayores ventas.

Existen estudios que hablan de que el modelo de franquicia atrae a per-

---

[16] John Stanworth, James Curran, "Colas, Burgers, Shakes, and Shirkers: Towards a Sociological Model of Franchising in the Market Economy," *Journal of Business Venturing*, en: Franchising: an International Perspective, Ed. Frank Hoy, John Stanworth, (Routledge, 2003), 33.

sonas que de otro modo no se hubieran convertido en dueños de negocios[17]. Hay dos perfiles de personas que son muy frecuentes de encontrar entre los que se acercan a las franquicias para convertirse en franquiciados. Por un lado están aquellas personas que han hecho una trayectoria en el mundo corporativo y que por diversos motivos se desvincularon voluntaria o involuntariamente de sus empresas. Otro grupo habitual, en algunos casos superpuesto al anterior, son las mujeres que ven a la franquicia como una manera atractiva de generar un ingreso adicional al hogar o de tener cierta autonomía personal.

Desde luego que más allá de todos los recaudos que se tomen, la relación entre franquiciado y franquiciante, como dice Stanworth,

> Contiene elementos tanto de acuerdo como de desacuerdo, de armonía como de desarmonía. Temas que abarcan desde niveles de ganancias, cánones y cumplimientos del contrato, por un lado a invasión del territorio, esquemas de monitoreo y derechos de reasignación por el otro, todos tendrán el potencial para un conflicto[18].

Sin embargo, más allá de los conflictos que naturalmente trae aparejado este tipo de relación, puede haber otros motivos más profundos que hagan al fracaso de la misma. Dicen Díez de Castro y Rondán-Cataluña que,

> Es cierto, que las cadenas [de franquicia] más consolidadas presentan un alto nivel de éxito y, por supuesto, muy superior a otras formas de comercio, pero de ningún modo podemos evitar el riesgo de fracaso. Uno de los mayores riesgos que soporta el franquiciado son los comportamientos oportunistas por parte del franquiciador como contratos desfavorables, falta de *know how,* derechos abusivos, etc[19].

---

[17] Para estudios sobre EE.UU. ver: Shelby D. Hunt, "The Socioeconomic Consequences of the Franchise System of Distribution," *The Journal of Marketing* (1972): 32-38. Para el Reino Unido: John Stanworth, *A Study of Franchising in Britain* (Londres: University of Westminster: London, 1977).

[18] Stanworth, "Colas, Burgers, Shakes, and Shirkers", 32.

[19] Díez de Castro, "La Investigación sobre Franquicia," 87.

Creemos oportuno aquí separar las cuestiones legales o contractuales de las puramente relacionadas con el negocio. Respecto a las primeras se ha dedicado mucha atención y si bien en la legislación de países como la Argentina el formato de franquicia no ha sido regulado específicamente como tal, le es aplicable el principio de la libertad contractual del Código Civil y sobre esto ya hay suficientes antecedentes para que tanto franquiciados o franquiciados sepan qué partes integran un buen contrato de franquicia[20]. Sin embargo, a nuestro criterio un buen contrato no soluciona un mal negocio, sólo puede mitigar sus consecuencias. Veamos entonces qué hace a una buena franquicia.

6.3 Tres claves para una franquicia exitosa

Más allá de todas las definiciones académicas que hemos citado anteriormente, es importante entender en términos sencillos que una franquicia genuina es en esencia un formato comercial definido por contrato en el que el franquiciante concede al franquiciado el derecho de explotar su fórmula de éxito. Es decir que partimos del hecho de que cualquier negocio no es franquiciable, sino solamente aquel que desde el punto de vista financiero es exitoso, o sea, genera beneficios sostenibles en el tiempo. Diríamos que esa es la condición de base, necesaria pero no suficiente. Considerando que los contextos cambian y que la aspiración tanto de franquiciados como de franquiciantes es que la relación se prolongue en el tiempo, la fórmula de éxito de hoy puede no funcionar mañana. Para eso se requiere que una buena franquicia sea probada, pero no solamente una vez al principio, sino en forma permanente y a partir de ese aprendizaje, de ser necesario, sea reformulada. Aun así no es suficiente porque una fórmula de éxito probada es valiosa sólo para aquel que la puede aplicar. Falta que ese éxito probado sea transmisible a terceros, para que éstos aplicando ciertos procedimientos lo puedan aprovechar.

---

[20] Ver: Daniel Roque Vítolo, *Manual de Contratos Comerciales* (Buenos Aires: Ad-Hoc, 2007).

En definitiva nuestra mirada sobre lo que constituye una franquicia exitosa se resume en el esquema de la Figura 6.2:

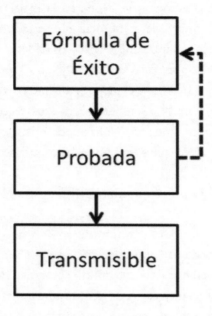

Figura 6.2: 3 Claves para una franquicia exitosa.

Al inicio de este capítulo hemos explicado que recurrir al modelo de franquicia fue clave para el éxito empresarial de **Café Martínez**. Ahora bien, dado el impactante crecimiento que viene teniendo la cantidad de sucursales franquiciadas que tiene la marca, es interesante plantear la siguiente pregunta, ¿Qué hizo que la franquicia **Café Martínez** en sí misma fuera tan exitosa?

La franquicia de **Café Martínez** es sin dudas una interesante propuesta de negocio que le deja al franquiciado un resultado neto de alrededor del 20% de las ventas[21]. Sin embargo no puede decirse que esto explique en sí mismo el éxito alcanzado, dado que analizando este y otros "datos duros" sobre los que se pueden establecer comparaciones entre distintas

---

[21] Según información provista por la propia empresa.

propuestas de franquicias, tales como: *franchise fee* o canon de acceso, porcentaje de regalías sobre ventas (royalties), inversión total necesaria (con stock), aportes al fondo de publicidad o duración del contrato, plazo de recupero de la inversión, no surge una clara justificación para el hecho de que la franquicia de **Café Martínez** haya sido una de las que más ha crecido en los últimos tiempos.

Creemos que la respuesta tiene que ver con el hecho de que **Café Martínez** ofrece una marca que, como vimos en la Parte 2 de este libro, hoy goza de un gran reconocimiento y alta valoración, sumado a la alta calidad reconocida de su producto principal, el café, y una propuesta de franquicia genuina, si la analizamos desde el punto de vista de las 3 claves para una franquicia exitosa, mencionadas anteriormente.

Empecemos por analizar si **Café Martínez** contaba con una fórmula de éxito cuando comenzó a ofrecer sus franquicias, a mediados de la década del noventa. En ese entonces la empresa ya llevaba sesenta años en el negocio del café con un profundo conocimiento de las fuentes de aprovisionamiento en el exterior y, fundamentalmente, habiendo desarrollado su secreto mejor guardado: el proceso artesanal de tostado del café. Ellos hablan del "arte de tostar café":

> ¿Por qué decimos el arte de tostar? Porque cada tipo de café requiere un tiempo de tueste particular (…) Nosotros le damos un tiempo y punto de tueste que forma parte de nuestra marca. No es ni demasiado oscuro ni demasiado liviano. Esto lo podemos hacer porque los cafés que nosotros elaboramos son sumamente finos, un café de baja calidad solo permite ser tostado oscuro, lo cual oculta sus defectos en la bebida[22].

Es evidente que al momento de lanzar la franquicia, si bien no contaban con una marca conocida, sí contaban con un producto diferente y un

---

[22] Información obtenida con autorización de Martínez Hnos. del Manual de Cultura Martínez, Módulo: Producto, de circulación interna.

expertise que habían desarrollado con los años y que era una fórmula que sólo conocían ellos y sus maestros tostadores formados en una escuela que llevaba entonces más de sesenta años. Como se puede observar, fue más que una buena idea de alguien que pensó que "debe ser buen negocio poner una cadena de cafeterías". Si este hubiese sido el caso, difícilmente hubiese sido tan exitosa como franquicia. Acertadamente Boe y otros se hacen una serie de preguntas críticas que permiten dilucidar si un negocio se puede convertir en una franquicia genuina.

> "¿Cómo puedo determinar si mi concepto de franquicia tiene valor?" Una forma de dar una respuesta a esta pregunta es hacerse otra "¿Hasta qué punto y bajo qué circunstancias a lo largo de la vida de relación de franquicia mi franquiciado no me necesitará más a mí (el franquiciante)?" (…) "¿Tengo un secreto que mantendrá el valor de la franquicia?". Al fin y al cabo, si un individuo desea ser embotellador de Coca Cola, hay una sola fuente de donde obtener el jarabe de la Coca Cola[23].

La cita anterior realmente clarifica por qué el concepto ofrecido por **Café Martínez** es franquiciable. Sumemos a esta "fórmula secreta" inicial el posterior desarrollo de una marca valiosa, lo que hace que la empresa como franquiciante tenga una protección real de su fórmula de éxito y que el franquiciado perciba que a cambio de todos los cánones y regalías que tiene que pagar está recibiendo valor agregado en forma de producto, sistema de entrega y particularmente una marca. Como nos lo dijo en una entrevista una camarera de un local franquiciado: "Si no fuera un **Café Martínez** creo que vendría mucha menos gente"[24]. Es difícil que en tales circunstancias, un hipotético franquiciado "Sr. Pérez", piense en abandonar la franquicia y poner un "Café Pérez"

---

[23] Kathryn L. Boe, et al., *The Franchise Option: How to Expand Your Business Through Franchising*, Segunda Edición, (International Franchise Association, 1987), 6.
[24] Empleado #2. Entrevistado por Matías Vannelli, 27 de marzo de 2012.

Desde luego que nada es para siempre y el objetivo de todo franquiciado es el de "agregar valor constantemente al ofrecimiento de la franquicia, aumentando de este modo las oportunidades de negocio para los franquiciados"[25]. Esto nos lleva a la siguiente clave: que la fórmula de éxito sea probada.

Antes que **Café Martínez** siquiera soñara con expandirse a través del modelo de franquicias, estuvo cinco años probando el nuevo concepto a través de la apertura de cinco sucursales propias. Como hemos relatado en el capítulo anterior, el proceso no estuvo exento de contratiempos, con marchas y retrocesos, siguiendo una lógica de prueba y error, que se convirtió en un verdadero proceso de aprendizaje que permitió llegar a un concepto simple y claro ¿Qué hubiera ocurrido si los dueños de **Café Martínez** no hubieran dedicado cinco años al desarrollo del concepto y hubiesen salido rápidamente a ofrecer a terceros la apertura de esos locales bajo un esquema de franquicia? Seguramente los hipotéticos franquiciados hubieran pagado el duro costo del aprendizaje y seguramente no hubiesen sido exitosos, condenando a la franquicia al fracaso, dado que los "franquiciados exitosos son la mejor herramienta de venta que [un] sistema [de franquicia] puede tener"[26].

Lo dice muy concretamente un especialista en el tema como Stanworth, "La esencia de la franquicia supone vender el uso de un formato de negocio 'probado y comprobado' [sin embargo] muchos sistemas de franquicia, lejos de ser 'probados y comprobados' al inicio, todavía tienen mucho por aprender"[27].

Un análisis realista del retorno de la inversión para un franquiciado sólo puede hacerse si se dispone de locales piloto operando durante un

---

[25] Boe et al., *The Franchise Option.*
[26] Ibíd.
[27] John Stanworth et al., "Franchising as a Small Business Growth Strategy A Resource-Based View of Organizational Development," *International Small Business Journal* Vol.22 N°6, (2004): 539-559.

período considerable que incluya estacionalidades y el impacto de las cambiantes condiciones de contexto. Esta experiencia de años operando el modelo de negocio, es mucho más contundente que kilos de papel o planillas de cálculo explicando cómo el franquiciado ganará gran cantidad de dinero en el futuro. No contar con el negocio en marcha en una escala suficiente y por un tiempo prudencial, implica que se contradice con un término clave en una sana definición del negocio por franquicias: "éxito probado", que es muy distinto a "éxito posible".

Pero no solo se trata de tenerlo en marcha al inicio para probar el modelo de franquicias y luego venderlo. Los contextos económicos, los gustos y modas, los usos y costumbres y la competencia van cambiando las condiciones del negocio lo que obliga a una constante reformulación. Eso sólo será posible si el franquiciante cuenta con una vivencia directa de lo que está sucediendo y eso solo lo logra si cuenta con locales que él mismo está operando.

Ahora bien, contar con una fórmula de éxito probada no es suficiente si es que sólo el franquiciado sabe cómo la puede aprovechar. Llegamos entonces al tercer y último gran requisito: que sea transmisible.

Al analizar las causas de los fracasos en las franquicias, muchas veces se detecta que esos fracasos tienen que ver con una cuestión fundamental: que sólo el franquiciante sabe cómo debe operarse el negocio. Boe y otros hacen algunas preguntas clave al respecto:

> ¿Es este un negocio en el que el franquiciante fue inicialmente exitoso en sus propios locales debido a los rasgos de su personalidad o características creativas o nivel de energía, que no pueden ser exactamente replicados a través del sistema [de franquicia]? [28]

Este es una aspecto que debe ser analizado antes siquiera de haber otorgado la primera franquicia. La pregunta a responder en esa instancia es:

---

[28] Boe et al., The Franchise Option, 7.

"¿Puede la idea del emprendedor y su éxito con la misma ser duplicada por alguien guiado por capacitaciones iniciales y sucesivas, apropiada asistencia en la casa matriz y en el terreno, y un Manual de Operaciones?". Los mismos autores indican que si la respuesta es "no", "el concepto no debe ser franquiciado"[29].

En el caso de **Café Martínez**, el concepto de "especialistas en café" desarrollado a través del tiempo y del que hablamos en el Capítulo 5 y los procesos del "punto de contacto" con el cliente de los que nos ocupamos en el Capítulo 4, están minuciosamente volcados en un manual de operaciones que en el caso de **Café Martínez** se denomina Manual de cultura Martínez que incluye aspectos que van desde la historia de la empresa y sus valores hasta técnicas de venta, pasando por los puestos y roles, la selección y contratación del personal, el manejo de la cocina, los secretos del café, las operaciones, los aspectos a cuidar en la apertura de un local y los indicadores a seguir. Además de este manual, está el Manual de arquitectura de **Café Martínez**, en el que se detalla la arquitectura del local tipo, las tramitaciones para su habilitación, además de detalladísimas indicaciones para el proyecto y la ejecución de la obra.

Previo a firmar el contrato se le ofrece al futuro franquiciado ayuda en la selección del punto de venta, colaborando con la realización de un estudio de mercado sobre el local propuesto o ayudando en la búsqueda de un local apto para instalar la cafetería o ayudando en la negociación del alquiler. Luego de la firma del contrato y al momento de la apertura se define un detallado cronograma de tareas a llevar a cabo que incluye un plan de marketing específico con acciones promocionales en el radio de alcance geográfico de la nueva sucursal. Luego de que la sucursal quedó inaugurada, durante las primeras semanas opera con la asistencia de personal experimentado de casa central.

El franquiciado cuando llega recibe asesoramiento en la búsqueda de

---

[29] Boe et al., The Franchise Option, 7.

locales, en la proyección del negocio, en la negociación de los alquileres, lo ayudamos a comprar los equipos, en la selección del personal, la capacitación, los asesoramos en marketing, le ponemos un equipo los primeros días que lo acompaña en los primeros tiempos (…) Somos como las rueditas chiquitas que van al costado del que aprende a andar en bicicleta, hasta que puedan seguir andando solos[30].

Además del material de apoyo y la asistencia que recibe el franquiciado, existe un intensivo plan de entrenamiento dirigido tanto al franquiciado como a su personal, del que nos ocuparemos en mayor detalle en el Capítulo 7.

Es importante hacer notar que la mirada de **Café Martínez** no es la de tratar de vender franquicias sino la de expandirse como empresa a través de un formato organizacional diferente: el de una organización plural.

6.4 Una organización plural

Realizando un estudio de las cinco principales cadenas de comidas rápidas de los Estados Unidos, Bradach identificó una nueva forma de organización que denominó "organización plural" y que consiste en el uso simultáneo de un sistema de franquicia integrado a la gestión de locales propios del franquiciante[31]. Según Bradach, este formato organizacional se presenta como el más adecuado para superar dos de los principales desafíos de las franquicias: mantener la consistencia del servicio a lo largo de toda la cadena y adaptar el sistema para enfrentar mejor nuevas oportunidades y amenazas, desafío que Duncan sugirió que se podría superar sólo si las organizaciones fueran "ambidiestras", es decir conservadoras para mantener lo existente, al mismo tiempo que innovadoras para adaptarse[32].

---

[30] Marcelo Salas Martínez, "Living Case" (presentación, Facultad de Ciencias de la Administración de la Universidad del Salvador, 3 de noviembre de 2011).

[31] Jeffrey L. Bradach, "Using the Plural Form in the Management of Restaurant Chains," *Administrative Science Quarterly* (1997): 276-303.

[32] Robert B. Duncan, "The Ambidextrous Organization: Designing Dual Structures for Innovation," *The Management of Organization* 1 (1976): 167-188.

Este diseño organizacional plural con locales propios y franquiciados simultáneamente, ofrece múltiples beneficios, como bien lo sintetizan Díez de Castro y Rondán Cataluña:

Ventajas de establecimientos propios:
- Mantener y aumentar el conocimiento sobre su propio negocio, así pueden descubrir o mejorar aspectos operativos o estratégicos del negocio.
- El conocimiento obtenido con unidades propias les permite evaluar cuándo un franquiciado puede tener comportamientos oportunistas.
- La experiencia con los problemas del negocio permiten al franquiciador [o franquiciante] llevar mejores negociaciones con sus franquiciados y controlar adecuadamente el sistema

Si todos los establecimientos fueran franquiciados, éstos tendrían el poder y control del sistema.

Los establecimientos propios permiten al franquiciador probar nuevas ideas o productos, que si tienen éxito podrán adoptar los franquiciados.

Ventajas de establecimientos franquiciados:
- Los franquiciados al estar más cerca del cliente final, pueden ser una buena fuente de ideas e innovaciones que pueden pasar luego a toda la cadena.
- Los resultados de los establecimientos franquiciados sirven para evaluar a los gerentes de la cadena [propia]. Esto puede provocar una sana competencia entre unidades propias y franquiciadas.
- Los franquiciados con éxito suelen buscar el tener varios establecimientos operando como una mini cadena dentro de la franquicia, esto asegura la uniformidad del sistema.
- Algunas cadenas utilizan a los franquiciados veteranos como mentores de franquiciados noveles.
- Los franquiciados son más francos a la hora de expresar su opinión sobre las políticas de la cadena que los empleados de la misma[33].

---

[33] Díez de Castro, "La Investigación sobre Franquicia," 80-81.

Además desde el punto de vista de marketing, "[u]n porcentaje fijo de unidades propias puede suponer un compromiso creíble por parte del franquiciador de mantener el valor de la marca"[34].

Desde una perspectiva más estratégica, el franquiciado "compartirá una porción de sus ganancias y sacrificará algo de independencia" no solamente por los beneficios directos de la franquicia sino fundamentalmente por contar con alguien que lo asista en tomar las decisiones de negocio correctas[35]. Qué mejor que para esto el franquiciante tenga la vivencia directa de gestionar sus propios locales y luego vuelque esta experiencia a sus franquiciados. Sin embargo esta transferencia de *know how* no es en una sola dirección, se trata de un proceso de aprendizaje mutuo de dos vías. Por ejemplo, nadie como el franquiciado para conocer la necesidad de realizar adaptaciones locales al formato que ofrece la franquicia, especialmente cuando la franquicia llega a zonas diferentes a aquellas en las que se originó, como por ejemplo mercados en otras partes del país o en otros países. Tal como dice Bradach, la organización plural lleva a una forma distinta de formular la estrategia del negocio que utiliza "las fortalezas complementarias de la experiencia formal de la compañía [franquiciante] y el conocimiento profundo del franquiciado sobre las condiciones locales"[36].

Café Martínez tiene varios ejemplos de lo que significa trabajar con el franquiciado en adaptar el concepto a las condiciones locales. Lo ilustra de esta manera Marcelo Salas Martínez, "Hicimos adaptaciones regionales, por ejemplo en Córdoba el Fernet con Cola, en España la tostada untada con tomate, en Mendoza la 'raspadita' en lugar de la medialuna"[37]. En otras circunstancias se trata de aprovechar las ideas que los propios franquiciados proponen. Cuenta Marcelo que "los fran-

---

[34] Álvarez Castaño, "Análisis Dinámico de la Cadena de Franquicia,"55.

[35] Boe et al., The Franchise Option, 8.

[36] Bradach, "Using the Plural Form," 283.

[37] Salas Martínez, entrevista antes citada.

quiciados nos propusieron ideas que luego extendimos a toda la cadena, como por ejemplo vender como producto separado las galletitas de acompañamiento del café".

Incluir al franquiciado en el proceso de toma de decisiones estratégicas de negocio no es sencillo dado que no sólo involucra diferentes puntos de vista sino también diferentes intereses. Sin embargo, bien encaminado resulta beneficioso, como se desprende de lo que sugiere Bradach de su estudio de las principales cadenas de comidas rápidas:

> El rol del franquiciado en el proceso de formulación de la estrategia podría asimilarse al del abogado del diablo (…) Los franquiciados sirven como una fuente institucionalizada de críticas constructivas a las decisiones, un rol que a menudo falta en el formato de [cadena de propiedad de la] empresa. Como lo dijo un alto ejecutivo (…) "Una cosa es presentarle al presidente de la compañía y otra hacerlo en la reunión de franquiciados. [En éste último caso] es mejor que estés preparado"[38].

Café Martínez ha institucionalizado la participación de los franquiciados en distintos procesos estratégicos como el de desarrollo de nuevos productos. Cuenta Marcelo que "hemos incluido a los franquiciados en un Comité de Producto. Les hacemos la presentación del producto previo al lanzamiento y les pedimos que voten y que den ideas y nosotros tomamos notas de sus puntos de vista"[39].

Es interesante agregar a la perspectiva de la empresa **Café Martínez**, la de algunos de sus franquiciados sobre su vínculo con ella.

"Hay lugar y espacio para proponer ideas. Propuse cosas y muchas son las [sugerencias] que me hacen los clientes. Siempre escuchan[40]."

---

[38] Bradach, "Using the Plural Form," 296.
[39] Marcelo Salas Martínez, entrevista del autor, 9 de abril de 2013.
[40] Franquiciado #2, entrevistado por Matías Vannelli, 27 de marzo de 2012.

"Creo que [la relación] se fortalece (…). Siempre se muestran interesados por los aportes o comentarios que uno hace[41]."

"Sí, [la relación] se va fortaleciendo pese a la distancia que se fue generando por el crecimiento de la empresa. Te tienen en cuenta para seguir haciendo cosas[42]."

"No, la verdad que nunca [me sentí defraudado]. Siempre hemos tenido muy buena comunicación y resolvimos las diferencias de opiniones. Además siempre hubo y hay mucho respeto[43]."

"Hay un trato muy lindo hacia la persona [del franquiciado], no sos un número, valoran la calidad humana y cuando te acercás a hablar te reciben como uno quiere que lo reciban[44]."

Los conceptos que surgen de manera explícita o implícita de los comentarios anteriores son de alguna manera coincidentes con los que rescatan Díez de Castro y Rondán-Cataluña citando a Anderson y Weitz:

> La franquicia es un sistema de negocio que requiere una buena relación entre sus componentes, es muy importante la comunicación y confianza entre franquiciador y franquiciado para reducir los conflictos y tener una relación buena y duradera a largo plazo[45].

Como dijimos anteriormente en este mismo capítulo, la relación entre franquiciado y franquiciante no está exenta de desencuentros. Como lo dicen Boe y otros hablándole a los franquiciantes:

---

[41] Franquiciado #1, entrevistado por Matías Vannelli, 27 de marzo de 2012.

[42] Franquiciado #2, entrevistado por Matías Vannelli, 27 de marzo de 2012.

[43] Franquiciado #1, entrevistado por Matías Vannelli, 27 de marzo de 2012.

[44] Franquiciado #5, entrevistado por Matías Vannelli, 27 de marzo de 2012.

[45] Díez de Castro, "La Investigación sobre Franquicia," 91.

Independientemente de lo exitoso que [el franquiciado] sea, el entusiasmo inicial del franquiciado se erosiona con el tiempo. Mientras ustedes dos [franquiciado y franquiciante] avancen por este "camino de dos vías", usted debe reconocer este hecho y estar preparado con un programa efectivo de comunicación que refuerce la decisión original del franquiciado de unirse a su sistema. En la relación de franquicia, la comunicación es un determinante clave de longevidad[46].

6.5 Comunicación

Cuenta Marcelo Salas Martínez,

Hacemos reuniones mensuales con los franquiciados para hablar y que nos cuenten cómo les va, cosa que muy pocos franquiciantes hacen. Aprovechamos ahí para transmitirles nuestra misión y visión. Nunca lo vimos como una estrategia especial. ¿Cómo no hacerlo si son como socios nuestros? Es importante que nos vean la cara más allá de los contratos que uno firma con ellos[47].

Es muy buena la repercusión que tienen en general estas reuniones entre los franquiciados:

"Hay distintos tipo de reuniones, la de lanzamiento de producto, donde se presentan y explican a todos los nuevos productos. Otras más reducidas para tratar otros temas más puntuales, precios, etc. Sí, son buenas[48]."

"Las reuniones son perfectas, súper productivas[49]."

---

[46] Boe et al., The Franchise Option, 8-9.
[47] Salas Martínez, "Living Case".
[48] Franquiciado #1, entrevistado por Matías Vannelli, 27 de marzo de 2012
[49] Franquiciado #3, entrevistado por Matías Vannelli, 27 de marzo de 2012.

"Todos los meses [voy a las reuniones] o siempre tengo alguien que asista, si no soy yo va el encargado. Las que me parecieron mejores fueron las de presentación de producto o cómo encarar el año[50]".

Efectivamente, en **Café Martínez** hay reuniones sistemáticas mensuales con los franquiciados además de otras en grupos más chicos y más focalizadas en temas específicos. Las reuniones grupales no son solamente lo que Boe denomina "de dos vías", sino que además son una forma de compartir experiencias en forma cruzada entre franquiciados y así beneficiarse mutuamente.

Más allá de las reuniones mensuales o de las que se realizan en función de temas que surgen más coyunturalmente, hay una convención anual de franquiciados en la que se tratan temas de carácter estratégico, además de repasar los aspectos que hacen a la cultura de la empresa y fijar los objetivos para el período siguiente. También hay una fiesta de fin de año que convoca a proveedores, franquiciados y a la familia Martínez, además de varios empleados de unos y otros. Si bien su finalidad principal es la celebración y la diversión, tiene un espacio en el que la empresa también aprovecha a transmitir los lineamientos principales de sus políticas y a celebrar los éxitos, premiando públicamente a los franquiciados que alcanzaron metas fijadas por la empresa. Esto último lo pueden hacer por haber desarrollado una metodología que les permite hacer el seguimiento y el control del desempeño de los franquiciados.

6.6 Seguimiento y control

Como hemos visto, uno de los argumentos más usados por varios estudiosos para justificar el uso del modelo de franquicias es que se recurre a ellas dado que el sistema en sí facilita el control. El razonamiento usado es que dado que los franquiciados arriesgan tanto su capital como su trabajo, tendrán "menos incentivos a comportarse de manera oportunista y más

---

[50] Franquiciado #5, entrevistado por Matías Vannelli, 15 de marzo de 2012.

en perseguir los objetivos de la compañía [franquiciante], puesto que sí asumen las consecuencias económicas de sus decisiones"[51].

Sin embargo, a nuestro juicio, nada asegura que lo que sería un criterio acertado para el franquiciado coincida siempre con lo que el franquiciante concibe como parte integrante de su modelo de éxito. Lo más natural es que existan puntos de vista divergentes Es por eso que las cadenas de franquicia instalan "una variedad de mecanismos para mantener el control sobre los franquiciados para proteger la integridad de la marca, porque algunas veces ellos se desvían localmente en modos que lastiman la marca (Rubin, 1978)"[52].

Como acertadamente dicen Boe y otros,

> Un sistema de franquicia que no mantiene un efectivo programa de control de calidad tendrá una muy corta vida. Cuando la calidad de los productos o servicios ofrecidos por cualquier boca del sistema de franquicias se deteriora, el cliente se lo notificará con sus pies. Ellos no solamente dejarán de comprar en esa boca específica, sino que dejarán de ser clientes de la cadena (…) si este hecho es entendido por los franquiciados, ellos pondrán presión sobre un [franquiciado] renuente que no llegue a cumplir con los estándares mínimos y apoyarán [al franquiciante tanto] si trata de que cumpla o si lo cancela[53].

Por esto es necesario que todo franquiciante ponga en marcha una iniciativa de seguimiento y control de las operaciones de sus franquiciados y desde luego que lo propio debe hacerse respecto de los locales operados por la propia empresa. Es importante enfatizar que si bien este dispositivo puede servir para detectar comportamientos abusivos, el propó-

---

[51] Vanesa Solís Rodríguez, Manuel González Díaz, "La Franquicia como Estrategia de Crecimiento de las Pymes Españolas," *Conocimiento, Innovación y Emprendedores: Camino al Futuro*. Universidad de La Rioja (2007).
[52] Bradach, "Using the Plural Form," 288.
[53] Boe et al., *The Franchise Option*, 93.

sito fundamental no es coercitivo sino cooperativo siguiendo la filosofía implícita en el modelo organizacional plural propuesto por Bradach.

El contrato de franquicia crea la ilusión de que por sí mismo en función de las sanciones que establece, es capaz de hacer que las cosas se cumplan, sin embargo, el control se ejerce realmente "día a día a través de la persuasión"[54]. Siempre está latente la posibilidad de que el franquiciado fracase, y si bien no está totalmente en manos del franquiciante evitar que eso suceda, debe procurar minimizar por todos los medios posibles la eventualidad de su ocurrencia.

Café Martínez, para mantener la salud de su sistema de franquicia, puso en marcha un dispositivo que cuenta con tres componentes: un sistema de monitoreo en tiempo real de la facturación, un esquema de visitas de los asesores de franquicia y un esquema de auditorías tipo *mystery shopping.*

Toda la cadena está interconectada por un mismo sistema informático que permite conocer en tiempo real la facturación de cada sucursal. A partir de allí se hace un seguimiento de un conjunto de indicadores del negocio que no solo tienen que ver con los montos facturados sino también con su composición *(mix)* y se pueden calcular además algunos ratios que hacen a la eficiencia de la operación.

Por otro lado está el equipo de asesores que llevan a cabo visitas programadas a cada sucursal al menos una vez por mes. En estas visitas denominadas "amplias", se verifican todos los estándares fijados por la franquicia. Cuando el asesor detecta un aspecto que no se está cumpliendo se fija un plazo para su corrección. Las visitas amplias abarcan, tal como lo sugiere su denominación, un amplio espectro de aspectos que van desde la imagen de la sucursal hasta las ventas, pasando por el mobiliario, el personal, el equipamiento y los productos. Es interesante

---

[54] Bradach, "Using the Plural Form," 288.

hacer notar que **Café Martínez** identifica a las personas que realizan este trabajo como "asesores" y no "auditores", no siendo esto una sutileza semántica sino que refleja fielmente el espíritu colaborativo con el que la empresa lo lleva a cabo.

La última pieza del dispositivo que despliega **Café Martínez** para el control de la calidad de su sistema de franquicias es la metodología de *mystery shopping*, identificada en la empresa como "cliente oculto". Esta metodología involucra el uso de un auditor que simula ser un cliente real y concurre al local a consumir pero que tiene prefijado un comportamiento o rol a llevar a cabo y debe relevar aspectos como la identificación y el *layout* de las sucursales, la limpieza, el orden y la infraestructura del local; la imagen del personal y del producto, lo que consumió, la atención al cliente, y los tiempos, como aspectos principales.

Debe tenerse presente que tanto las visitas del asesor como las del cliente oculto procuran verificar la consistencia del servicio, considerando que, como dice Leslie de Chernatony citando a Leonard Berry,

> Cuando una organización establece una imagen de marca favorable su principal tarea es asegurar la consistencia (...) dado que las compañías de servicio siguen a menudo una estrategia de marca monolítica, los clientes tienden a agrupar [mentalmente su oferta] (...) esperando uniformidad, por consiguiente la gestión de la consistencia de la marca es aún más importante[55].

Los puntajes que surgen a partir de la evaluación del asesor y del cliente oculto resultan en un ranking de sucursales. Anualmente se premia a las más sobresalientes y se les otorgan descuentos especiales en los productos.

---

[55] De Chernatony, L., y Segal-Horn, S. (2003). The criteria for successful services brands. European Journal of Marketing, 37(7/8), p. 1098. Leslie De Chernatony, Susan Segal-Horn, "The Criteria for Successful Services Brands," *European Journal of Marketing* Vol.37 N°7/8 (2003): 1095-1118.

Pero más allá de asesores y clientes ocultos, hay una figura que tiene una importancia relevante en el control de las operaciones de la cadena y es el verdadero cliente a través de sus comentarios en la página de Facebook de **Café Martínez**, en su cuenta de Twitter o en su propio sitio de Internet que tiene un sector muy visible para las sugerencias. Este *feedback* es casi inmediato porque en muchas oportunidades los clientes lo están generando a través de dispositivos móviles en el mismo momento en que están sucediendo las cosas y llega sin intermediación a los niveles más altos de la empresa, como lo cuenta Marcelo:

> Todo lo que llega de distintas fuentes se vuelca a un sistema en el que se consigna quién hizo la queja, qué acción se tomó y cómo se cerró el caso. Luego se manda una copia al asesor de la sucursal, al gerente de operaciones, al gerente general y a mí.[56]

Los sistemas de control, sean internos como los que la empresa intencionalmente puso en marcha, como externos aprovechando el aporte espontáneo de los clientes, permiten detectar los desvíos que se producen en la cadena de franquicias, tanto en los locales propios como en los franquiciados. No obstante, debe tenerse presente que la calidad genuina de un servicio no es igual a la robustez de sus sistemas de control sino que la construye la manera en que se hacen las cosas la primera vez. Volviendo una vez más a Leonard Berry, diremos que en servicios, "[l]a 'calidad del producto' depende de la calidad del desempeño, la cual a su vez obedece a la capacidad y motivación de quienes lo llevan a cabo"[57].

Precisamente de esto trata la siguiente parte del libro.

---

[56] Marcelo Salas Martínez, entrevista del autor, 9 de abril de 2013.
[57] Leonard Berry, *Cómo Descubrir el Alma del Servicio: Los Nueve Motores del Éxito Empresario Sostenido* (Buenos Aires: Granica, 2000), 31.

Cuarta Parte

Pasión

Introducción

Tal vez sea natural esperar que la explicación sobre un éxito empresarial tenga que ver con la identificación de las sucesivas decisiones racionales acertadas que los actores involucrados tomaron para alcanzarlo. Probablemente sea la mirada de los negocios desde una restringida perspectiva financiera la que nos lleve a tratar de explicar los aciertos haciendo eje en la racionalidad. Nadie puede dudar que para que un negocio se mantenga saludable es fundamental que, entre otros aspectos, sea financieramente sano y por tanto que los que tomen las decisiones sean "inteligentes". Pero entender a la inteligencia para gestionar una empresa en forma restrictiva, reducida a la inteligencia lógica-matemática nos puede llevar a un error[1]. Ni la lógica ni las matemáticas pueden explicar por qué alguien en algún momento se enamora de una idea, sueña con un logro y, contra lo que la "lógica" indicaría, se pone en marcha hacia un destino incierto, lleno de obstáculos, que le ofrece más amenazas que oportunidades y que, a pesar de todo, ello sea exitoso con el emprendimiento. Es evidente que con la explicación racional no alcanza.

---

[1] Los interesados en inteligencias múltiples ver: Howard Gardner, *Inteligencias múltiples: La teoría en la práctica* (Ediciones Paidós, 2005).

Los profesores británicos Leslie de Chernatony y Susan Segal-Horn, estudiaron el por qué del éxito de las marcas exitosas de servicio en su país mediante la realización de entrevistas en profundidad a un conjunto de expertos relevantes tanto en el campo de los negocios como en la publicidad[2]. Surgen algunas perspectivas interesantes de dicha investigación. Uno de los entrevistados dice que las marcas fuertes están basadas "no simplemente en buenos principios de negocio, sino en un conjunto de convicciones personales" y aludiendo a Collins y Porras, afirma que los negocios basados en convicciones son más exitosos que aquellos solamente guiados por el beneficio monetario[3]. Otro de los entrevistados en ese estudio indica que es más probable que las marcas de servicio sean exitosas cuando su personal ha sido reclutado entre personas que son apasionadas respecto al servicio y que se suman a una cultura en la que esta pasión está incorporada. Para este entrevistado "necesitas la pasión primero y los procesos luego; si tienes los procesos pero no la pasión, estás perdido"[4].

Una opinión compartida por distintos entrevistados de la mencionada investigación, y que coincide con nuestra experiencia profesional, es que para que la pasión inspire el comportamiento del personal, es fundamental que forme parte del estilo del emprendedor, de los gerentes y de la cultura de la empresa en general. Una empresa con valores que no sólo se declaman sino que también se verifican. Sólo cuando esta forma de sentir la empresa por parte de los que conducen es genuina, se pueden esperar comportamientos de compromiso en el equipo y no la sensación cínica de tener que sostener una marca que dice ser algo que no es y que el cliente nunca podrá experimentar.

Ya hemos hablado en el Capítulo 4 sobre el enorme impacto que tiene

---

[2] Leslie De Chernatony, Susan Segal-Horn "The Criteria for Successful Services Brands," *European Journal of Marketing*, Vol.37 N°7/8, 1095-1118.
[3] Ibíd., 1109.
[4] Ibíd.

el personal en la experiencia del cliente en una empresa de servicio. Los que conducen tienen la gran responsabilidad, entonces, de encontrar el personal adecuado, darle el conocimiento, las habilidades y los recursos necesarios para que los valores que tiene la marca lleguen al cliente. Sin embargo eso nunca sucederá si ellos mismos no los practican. Lo sintetizan muy bien los autores del estudio mencionado:

> El éxito es más probable cuando cada uno internamente cree en los valores de la marca. Cuando el comportamiento de los que conducen está basado en convicciones genuinas, es más probable que los valores sean compartidos. A través de valores compartidos, hay mayor probabilidad de compromiso, lealtad interna, entendimiento más claro de la marca y, muy importante, un desempeño de la marca consistente para todos los partícipes involucrados[5].

La cita anterior explica en gran medida el éxito de **Café Martínez**. La pasión que los llevó a innovar y liderar un nuevo emprendimiento y que luego transmitieron a su personal y a toda una comunidad de franquiciados, proveedores y clientes, fue clave para el éxito. De esto tratan los siguientes tres capítulos.

---

[5] Leslie De Chernatony, Susan Segal-Horn "The Criteria for Successful Services Brands," *European Journal of Marketing*, Vol.37 N°7/8, 1095.

Capítulo 7

El personal y el servicio

7.1 Personas sirviendo a personas

La cadena de hoteles Ritz Carlton es emblemática en lo que refiere a calidad de servicio y servicio al cliente. Entre muchos otros premios relevantes, ha recibido en dos ocasiones el *Malcolm Baldrige National Quality Award* que es el máximo premio a la calidad en Estados Unidos[1]. En tal grado se ha convertido en un referente en estos temas que, al estilo del Disney Institute, cuenta desde el año 2000 con The Ritz-Carlton Leadership Center que es una organización dedicada a capacitar a ejecutivos de otras organizaciones sobre cómo lograr ser una empresa sobresaliente en estos aspectos. Son proverbiales sus *Gold Standards* (Estándares de Oro) que resumen sus valores y la filosofía con la que operan, dentro de los cuales se destaca su famoso lema: "Somos damas y caballeros al servicio de damas y caballeros"[2]. Si bien esta frase tiene múltiples lecturas, hay una que es fundamental: los servicios son

---

[1] Lo ganaron en 1992 y 1999.

[2] Información sobre Ritz Carlton en: www.ritzcarlton.com y sobre su Leadership Center en: www.corporate.ritzcarlton.com. Su lema en idioma original es: *"We are Ladies and Gentlemen serving Ladies and Gentlemen".*

actividades de y para personas. En servicios el factor humano es clave y, en última instancia, el que marca la diferencia.

Ya hemos hablado a lo largo del libro en distintos capítulos sobre la importancia del personal en la construcción de una marca de servicios. El principal activo de una empresa de servicio es la confianza que genera su marca porque, como vimos en el Capítulo 2, las empresas de servicio venden promesas y solo si los clientes tienen confianza creerán esa promesa que implícita o explícitamente expresa la marca. Vimos que la generación de confianza no es un hecho que se logra por el "atajo publicitario", sino que se gana día a día en la ejecución del servicio y es allí donde el personal juega un rol clave. Como destaca Leonard Berry, la "Excelencia en la ejecución" es uno de los nueve factores clave que hacen al éxito de una empresa de servicios[3]. Una mala ejecución socava la mejor de las estrategias.

Sería injusto decir que la total responsabilidad de le ejecución de un servicio está en manos del personal, porque en algunos casos hay factores estructurales que responden a decisiones equivocadas de la conducción de la empresa y repercuten negativamente en el cliente. Sin embargo, una gran cantidad de aspectos que hacen a la ejecución del servicio están en manos de las personas que lo brindan y es por ello que en los servicios con alta intervención humana, la calidad de las personas encargadas de proveer el servicio resulta clave para la experiencia del cliente.

Desde luego que el factor humano es intrínsecamente variable y esa circunstancia no es mala pero pone bastante nerviosos a los que pretenden hacer del servicio una actividad parametrizada, tal como es posible hacer en una línea de producción. Esta visión simplificada de la prestación del servicio omite por completo el rico aporte que pueden hacer los recursos humanos y normalmente es consecuencia de una forma de gestión apegada a los detallados procedimientos escritos, como si los manuales

---

[3] Leonard Berry, *Cómo Descubrir el Alma del Servicio* (Granica, 2000).

por sí mismos pudieran lograr que las cosas sucedan. Precisamente la riqueza del factor humano es su flexibilidad y posibilidad de adaptación a cada circunstancia. Las empresas de servicio que se destacan tienen procesos porque son necesarios, pero como dice Berry, no le dan excesiva importancia a los manuales de procedimiento porque se puede tener una excelente empresa de servicio con personal "con valores fuertes y manuales de políticas endebles"[4].

Este factor intrínsecamente variable juega en **Café Martínez** un rol fundamental para explicar su éxito.

7.2 El factor humano como diferencial

Cotidianamente los clientes ponen a prueba a las empresas de diferente manera, algunas veces con demandas relacionadas con el servicio esencial y otras veces a través de circunstancias imprevistas en las que el factor humano juega un rol fundamental. Un cliente de **Café Martínez** nos contó la siguiente historia:

> Yo tengo una computadora, muy buena, pero no es sólo su valor sino la información que tengo ahí, que para mí no tiene precio. Días pasados estaba tan cansado que mando lo que tenía que mandar, la cierro y la dejo sobre la mesa [de **Café Martínez**]. Al día siguiente cuando la necesité usar de nuevo la busqué por todos lados y no la pude encontrar. Vine para acá [a **Café Martínez**] y los veo a Fernando y Rodrigo [los camareros] que me atienden a mí, esperándome con la computadora…, eso te explica por qué [en **Café Martínez**] te sentís en tu casa[5].

Los investigadores sobre temas de servicio concuerdan en que en los

---

[4] Berry, *Cómo Descubrir el Alma del Servicio*, 144.
[5] Entrevista en profundidad en sucursal Cabildo 1253 (Pcia. Bs. As.) de Café Martínez a cliente masculino, mayor a 46 años, entrevistado por Daniel Oddo, 22 de junio de 2012.

servicios con alto contacto con el cliente, el personal juega un rol fundamental: ellos son el servicio y la personificación de la marca. Lo paradojal de esta circunstancia es que este rol tan crítico no está en cabeza del
dueño o un gerente o siquiera un supervisor, sino del personal normalmente más junior de las empresas, lo que plantea un gran desafío.

Para que un servicio sea realmente de calidad, se requiere que la persona
que lo lleve a cabo además de saber lo que está haciendo, se sienta segura
de sí misma y se comporte de manera cálida y amistosa. Sin embargo
este perfil no siempre es compatible con el hecho de que la persona que
habitualmente lleva a cabo la entrega del servicio sea joven, nueva en la
empresa y con un salario que corresponde a un puesto que no requiere
experiencia previa ¿Cómo resolver este desafío?, ¿acaso ofreciendo suel-
dos altos para estas posiciones? Difícilmente esta pueda ser una solución duradera, primero porque no sería factible para muchas empresas
y segundo porque si bien lo salarial es importante para el empleado, no
es lo único. "Actitudes laborales como el compromiso y la satisfacción
son vistas usualmente como multidimensionales, incluyendo una faceta
relacionada con la satisfacción con la paga"[6].

La solución parte por comprender que el problema comienza cuando los
puestos están pobremente diseñados. Es lo que Schlesinger y Heskett
denominan el "ciclo del fracaso" y que se ilustra en la Figura 7.1.

---

[6] Terence R. Mitchell, Amy E. Mickel, "The Meaning of Money: An Individual-difference
Perspective," *Academy of Management Review* Vol.24 N°3 (1999): 570.

Figura 7.1: El Ciclo del Fracaso. Adaptado de Leonard L. Schlesinger y James H. Heskett, "Breaking the Cycle of Failure in Services", *MIT Sloan Management Review*, 31 (primavera, 1991): 17-28. Traducción del autor.

Poco puede aportar un empleado en un puesto limitado, pensado para que el que lo ocupe sólo aplique un comportamiento rutinario y al que, como contrapartida, se busca pagarle el salario más bajo posible. Indudablemente desde esta perspectiva poca es la atención que se le pone a la selección y capacitación del personal. Sin dudas en esta circunstancia incuba la aparición de errores y la incapacidad de los empleados a responder a requerimientos no estandarizadas de los clientes. Esto trae como consecuencia la desmotivación del personal que puede resultar en una pobre actitud de servicio y maltrato hacia el cliente. Como resultado comenzará la rotación de los empleados, los mejores serán los primeros en abandonar la empresa porque lograrán reubicarse más rápido y como resultado se deteriorará la rentabilidad por los gastos derivados de tener que salir a buscar nuevo personal. Paralelamente a este ciclo del fracaso del empleado se produce un ciclo de fracaso del cliente, dado que el mencionado deterioro de la calidad del servicio hará que ellos también abandonen la empresa lo que deteriorará aún más la rentabilidad debido a la pérdida de ingresos y a la necesidad de incurrir en gastos y promociones para lograr atraer nuevos clientes.

Para evitar el ciclo del fracaso es necesario que el puesto de entrega del servicio, es decir aquel que está en contacto con el cliente, evite la "robotización" y permita que el empleado que lo ocupa pueda aplicar su propio criterio y adapte el servicio a las circunstancias y demandas del cliente. Es aquí donde personal de servicio puede agregar valor y que éste sea percibido por el cliente. Como nos lo explicaba un camarero de **Café Martínez**: "En la medida en que podemos nos acomodamos a cada cliente y sus necesidades, exigencias y gustos"[7]. El desafío de ser flexibles es saber encontrar el límite entre personalización e improvisación. Que cada empleado sea flexible no implica que para toda situación aplique su criterio personal porque esto llevaría a que la marca pierda su identidad y la consistencia del servicio que es tan valorada por clientes como los que dicen: "Los conocíamos de otras sucursales y todas tienen el mismo estilo, es gente cálida que te atiende bien"[8].

También es importante que el empleado pueda aportar su punto de vista, que se le reconozca el aporte y que éste, de ser posible, sea tenido en cuenta para ser implementado. Otro camarero de una sucursal franquiciada de **Café Martínez** al que le preguntamos si compartía ideas con sus superiores, nos contó que "Te motivan a que propongas ideas para la empresa. Las veces que opiné o dije algunas cosas que me parecían buenas, las propusieron [a los niveles superiores] como mías"[9].

Otra iniciativa que hace a un mejor desempeño, alejado del ciclo vicioso del fracaso, es estimular el trabajo en equipo. Como dicen Zeithhaml, Bitner y Gremler: "La naturaleza de muchos servicios sugiere que la satisfacción del cliente aumentará cuando los empleados trabajen como

---

[7] Empleado #3 perteneciente a una sucursal franquiciada, entrevistado por Matías Vannelli, 22 de marzo de 2012.

[8] Entrevista en profundidad en sucursal Luis Ma. Campos (Cap.Fed.) de Café Martínez a cliente de género femenino, rango etario: 31-45 años, entrevistado por Guillermina Varzan, 22 de junio de 2012.

[9] Empleado #1 perteneciente a una sucursal franquiciada, entrevistado por Matías Vannelli, 22 de marzo de 2012.

un equipo"[10]. Pero el beneficio no es solo para el cliente, dado que el propio empleado al sentirse respaldado por sus compañeros se sentirá mejor. Desde luego que un empleado que se siente mejor estará más predispuesto a dar un mejor servicio, lo que entonces sí será percibido positivamente por el cliente. Claramente pudimos observarlo en **Café Martínez** a través de expresiones de clientes como las siguientes: "Hay trabajo en equipo, se ayudan, colaboran entre ellos, no es común en un café" [11]. "[Todo] el personal está atento. Más de una vez me ha pasado que yo fui atendida por el camarero de la mesa y viene otro de otra zona a preguntarme si me atendieron"[12]. "Trabajan en equipo, [si bien] se ve que tienen distintos roles, se ayudan entre ellos"[13].

Creemos como Lovelock y Wirtz que si una empresa no es capaz de "profesionalizar" a sus empleados de contacto no será capaz de evitar que ellos mismos tengan una baja autoestima y que rápidamente esto sea percibido por los clientes, lo que acelerará la caída en el círculo vicioso antes descripto[14].

En el caso de **Café Martínez** lo que nos encontramos tiene que ver con lo que Schlesinger y Heskett denominan "el ciclo del éxito" de las empresas de servicio y es la contracara del ciclo del fracaso antes visto[15].

[10] Valarie A. Zeithaml, Mary Jo Bitner, Dwayne Gremler, *Services Marketing*, Edición 4, (McGraw-Hill, 2006), p.373.

[11] Entrevista en profundidad en sucursal Luis Ma. Campos (Cap.Fed.) de Café Martínez a cliente de género: femenino, rango etario: 31-45 años, entrevistado por Guillermina Varzan, 22 de junio de 2012.

[12] Entrevista en profundidad en sucursal Cabildo 1253 (Pcia. Bs. As.) de Café Martínez a cliente de, género: femenino, rango etario: 20-30 años, entrevistado por Daniel Oddo, 22 de junio de 2012.

[13] Entrevista en profundidad en sucursal Olazábal (Cap.Fed.) de Café Martínez a cliente masculino, rango etario: 20-30 años, entrevistado por Ana Ma. Eberle, 24 de junio de 2012.

[14] Christopher Lovelock, Jochen Whirtz, *Marketing de Servicios. Personal, Tecnología y Estrategia*, 6ta. Edición (México, Pearson Education, 2009), 314.

[15] Leonard L. Schlesinger, James H. Heskett, "Breaking the Cycle of Failure in Services," *MIT Sloan Management Review*, Vol. 31 (primavera, 1991): 17-28.

La opinión que en este sentido encontramos entre los clientes fue contundente, especialmente entre los clientes frecuentes: "El servicio del personal es excelente, son muy amables, atienden en tiempo y forma, son muy simpáticos. Te sentís contenido"[16]. Fue interesante detectar que este atributo se valoraba en distintos locales de la cadena: "La atención es muy buena. Casi todos los **Café Martínez** son muy buenos [en la atención]"[17]. Lo anterior sirve de evidencia respecto de la existencia de una dinámica propia de un ciclo del éxito en el que la acción de los empleados es un elemento que contribuye con la lealtad de los clientes. En el Capítulo 4 vimos que buen café y buen trato parecieran ser la receta del éxito de **Café Martínez,** pero hay un dato relevante y es que esta cadena tiene la más alta proporción de clientes con la mayor repetición de concurrencia a sus locales, lo que es un buen indicador de lealtad. Frases como "Vengo por la atención, las chicas son un amor"[18] o "Vengo porque el servicio es muy bueno y el café es muy bueno"[19] fueron muy frecuentes a lo largo de todas nuestras entrevistas. Esto fue lo que nos llevó a pensar a que lo que se daba en **Café Martínez** era el ciclo virtuoso del éxito, por el cual los recursos humanos son un impulsor principal de la retención de los clientes. Pero esto no se da espontáneamente, se da porque la empresa tiene una cultura que lo estimula.

---

[16] Entrevista en profundidad en sucursal Olazábal (Cap.Fed.) de Café Martínez a cliente de masculino, rango etario: 31-45 años, entrevistado por Ana Ma. Eberle, 24 de junio de 2012.

[17] Entrevista en profundidad en sucursal Barrancas (Cap.Fed.) de Café Martínez a cliente de género femenino, rango etario: 31-45 años, entrevistado por Ana Ma. Eberle, 26 de junio de 2012.

[18] Entrevista en profundidad en sucursal Luis Ma. Campos (Cap.Fed.) de Café Martínez a cliente de género femenino, rango etario: 31-45 años, entrevistado por Guillermina Varzan, 22 de junio de 2012.

[19] Entrevista en profundidad en sucursal Luis Ma. Campos (Cap.Fed.) de Café Martínez a cliente masculino, rango etario: 31-45 años, entrevistado por Guillermina Varzan, 22 de junio de 2012.

7.3 Cultura de servicio

Como hemos señalado en varias oportunidades anteriores, en los servicios con alta intervención humana, la calidad del servicio está muy ligada al desempeño del personal. Como lo indica Luis María Huete, en servicios, una parte sustancial de la propuesta de valor que perciben los clientes depende de la aptitud y compromiso de los empleados, en otras palabras de su aptitud y su actitud[20] ¿Cómo controlarlo? Muchas empresas creen posible el control del desempeño del personal siguiendo el paradigma industrial del control de calidad. En los procesos de producción de bienes físicos existen un conjunto de variables controlables a lo largo del proceso productivo. En cambio en los servicios la variable clave es poco controlable dada la propia naturaleza del factor humano. A la hora de controlar la gestión es más factible hacerlo sobre el cuánto que sobre el cómo. Por ejemplo, podemos pedir que una camarera atienda determinada cantidad de mesas, esto es de fácil control, sin embargo será más difícil controlar que en todos y cada uno de los contactos trate bien a los clientes. Lo primero tiene que ver con los costos y los resultados internos de corto plazo, mientras que lo segundo se vincula con el valor y tiene consecuencias a mediano y largo plazo, relacionadas con la retención de los clientes.

La performance de las personas en trabajos similares puede variar mucho no solo por los saberes y habilidades relacionados con su aptitud para el trabajo, sino fundamentalmente por cuestiones actitudinales como la entrega, la pasión por aprender, el deseo de hacer las cosas bien o el orgullo por el trabajo bien hecho. Por tanto la medición de la performance del personal siguiendo un criterio eficientista que privilegia como indicador de desempeño a la productividad, entendida ésta como output (resultado) obtenido por input (recurso) usado, es una visión equivocada por cortoplacista, dado que no mide el impacto en el cliente ni cuida el valor estratégico del personal para fidelizar. Como dice Huete, se debe

---

[20] Luis María Huete, *Servicios y Beneficios* (Deusto, 1997), 157-198.

reemplazar el concepto de productividad por el de contribución de los empleados[21]. Este concepto de contribución recoge en el output no sólo transacciones sino también otros elementos relacionados con la creación de valor agregado para el cliente, que refuerzan su satisfacción y posterior lealtad.

Las contribuciones de los empleados son los actos positivos que dependen de su voluntad, que a su vez es consecuencia de su satisfacción con el trabajo. Las contribuciones de los empleados son una clave para la competitividad de una empresa de servicios. Sin embargo estas actitudes positivas requieren del propio empleado autovaloraciones positivas, esto es, que el empleado necesita "verse bien" desempeñando ese puesto de trabajo. Para que esto suceda es clave el liderazgo de los que conducen creando una cultura de servicio. A nuestro juicio la condición fundamental para que se implante una cultura de servicios es que prevalezca en la empresa una mirada relacional del negocio por sobre la "transaccional-eficientista" y como consecuencia se dé al factor humano la importancia que merece como clave para su competitividad.

En servicios es difícil la supervisión dado que se trabaja descentralizadamente y en presencia de los clientes. La prestación se brinda "en tiempo real" y como consecuencia no se puede volver atrás un mal desempeño de un empleado ante el cliente, como se podría hacer en una fábrica cuando se detecta un producto defectuoso. Por eso es imprescindible inculcar en cada empleado ese estilo de hacer las cosas, esa cultura de servicio y conseguir que ellos hagan las cosas por propia voluntad y espontáneamente.

La cooperación del empleado no se obtiene por contrato ni porque se lo pedimos en una capacitación, tampoco se lo puede hacer coercitivamente, porque siempre habrá un momento en el que estará sólo frente

---

[21] Luis María Huete, *Servicios y Beneficios* (Deusto, 1997), 161.

a un cliente y no se lo podrá vigilar. Cuando hablamos de cooperación entramos en el terreno de la voluntad del empleado. Como diría Berry, en servicios todos los trabajadores son "voluntarios", pero no en la acepción de "hacer trabajo voluntario" propia del voluntariado en una ONG, sino en poner la "voluntad para hacer el trabajo"[22].

Para que esto se dé es necesario que el liderazgo logre sacar lo mejor de cada uno y además que a los empleados se les pague con algo más que dinero. Huete llama a esto salario emocional que es "la capacidad de conseguir que las personas se sientan bien pagadas por su esfuerzo con algo más que dinero"[23] ¿Qué es ese "algo más"? Tiene que ver, esencialmente, con todo lo que la empresa haga para que la persona perciba que es un profesional en lo que hace, en tanto esa tarea es valiosa y requiere personas especialmente preparadas para hacerlo, es decir profesionales. Pero además el empleado tiene que percibir que lo que hace tiene sentido y agrega valor. Esta descripción del puesto está en las antípodas de la que identificábamos como disparadora del ciclo del fracaso, en el que prevalecía una mirada tayloriana por la cual el puesto tenía un diseño básico y estaba a cargo de meros ejecutantes operativos, más intermediarios neutros que mediadores valiosos.

Si el empleado tiene una alta autovaloración es porque percibe que se le está pagando con salario emocional. Desde luego que no todas las personas serán sensibles a estas motivaciones no monetarias y esto de por sí no está dando una pauta del perfil de persona a buscar en reclutamiento del personal. También debe decirse claramente que el salario emocional no sustituye al salario monetario. Si la compensación monetaria no es razonable, "[t]odo lo relacionado con el salario emocional pasa a ser percibido como una excusa de la empresa para pagar menos"[24]. Y ese cinismo atenta de tal modo contra la relación entre el empleado y la em-

---

[22] Berry, *Cómo Descubrir el Alma del Servicio,* 232.

[23] Huete, *Servicios y Beneficios,* 157.

[24] Ibíd, 191.

presa que mina su confianza y en consecuencia afecta el hecho de poner su voluntad a favor del trabajo.

En definitiva el antiguo paradigma industrialista del control no se puede aplicar para lograr calidad en los servicios dado que los que lo "fabrican" lo hacen a partir de su voluntad y esta no se puede controlar. Lo que es seguro es que lo que ocurra con el empleado a corto o largo plazo ocurrirá con el cliente, como si uno fuera la imagen del otro en un espejo.

7.4 Modelo del espejo

Existen muchos antecedentes de investigadores que dan cuenta de "relaciones significativas" entre satisfacción del cliente y satisfacción del empleado[25]. Heskett, Sasser y Schlesinger dicen que no es tan difícil explicar este fenómeno y que con un simple ejemplo se puede comprender: si un camarero entusiasta con su trabajo procura no solo transmitir ese estado de ánimo positivo a sus clientes del restaurante sino que además trata de que sus experiencias sean lo más placenteras posible, todo esto hará que seguramente lo sean y esos clientes satisfechos probablemente se lo harán saber a través de sus comentarios y propinas superiores a lo esperable[26]. Los autores denominan a esta relación "el espejo de la satisfacción". Dicen además que se dan ciertas dinámicas virtuosas: mayor repetición de compras del lado del cliente produce, del lado del empleado, mayor conocimiento de los deseos del cliente y cómo satisfacerlos. Una mayor tendencia de los clientes a manifestar sus disconformidades con el servicio implica más oportunidades para los empleados de poder revertirlas.

Preferimos por nuestro lado tomar esta metáfora del espejo con otra

---

[25] Desde 1985 hay estudios que dan cuenta de la relación entre satisfacción del cliente y del empleado. Un cuadro con una síntesis de hallazgos en distintas organizaciones de EE.UU. puede encontrarse en: James L. Heskett, W. Earl Sasser, Leonard A. Schlesinger, *Service Profit Chain* (Simon and Schuster, 1997), 100.
[26] Ibíd.,101

intencionalidad. Creemos que el espejo puede ser un elemento muy pedagógico para aquellos que conducen empresas de servicio. Nuestro modelo del espejo esquematizado en la Figura 7.2 dice que donde uno ve un empleado debe ver reflejado un cliente.

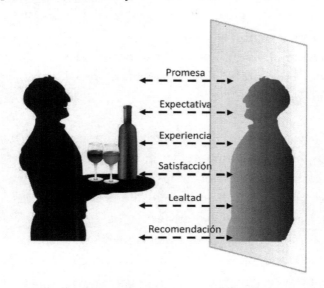

Figura 7.2: Modelo del Espejo Empleado-Cliente.

Se recordará del Capítulo 4 la cascada de cinco palabras clave. A ellas les hemos agregado Recomendación que es una posible consecuencia del comportamiento leal de los clientes. Es abundante la literatura de marketing que habla sobre estos conceptos, pero siempre referidos al cliente. Nuestra propuesta es retomarlos pero desde la perspectiva simétrica tanto del cliente como del empleado de servicios.

Es igualmente importante lo que la marca promete tanto a clientes como a empleados. A unos un servicio de determinadas características, a otros un trabajo en determinadas condiciones. Tanto empleados como clientes se crean una expectativa a partir de dicha promesa de la marca. La experiencia del cliente con el servicio y del empleado con su trabajo hará que se convaliden o no las expectativas y la resultante sea la satisfacción o no de unos y de otros. El grado con el que se dé dicha satisfacción será un determinante de la lealtad de los clientes y como consecuencia de ello que no cambien de marca. Del mismo modo, la satisfacción de los empleados hará que estos valoren su trabajo actual y no salgan a buscar otro. Clientes satisfechos y leales harán un boca a boca positivo recomendando la marca a su círculo de amigos, parientes y conocidos. Los empleados satisfechos y leales recomendarán a sus allegados que se postulen a trabajar en la empresa y probablemente ellos mismos los propongan.

Como vemos, la secuencia y la simetría se cumplen tanto para uno como para otros, pero lo importante del modelo del espejo no es solamente destacar tal paralelismo sino procurar que los que emprendan o conduzcan empresas de servicio entiendan que es imposible tener clientes satisfechos con empleados insatisfechos, que difícilmente haya clientes leales con empleados desleales y que la marca realmente será recomendada cuando tanto unos como otros lo hagan. Que no podemos pensar de manera realista que una experiencia del cliente pueda ser memorable cuando la experiencia del empleado con su trabajo sea detestable. Que la marca haga promesas y genere expectativas a los clientes y al mismo tiempo no las cumpla con los empleados será el preludio de un fiasco.

El mundo del *management* está lleno de frases hechas del tipo "deleitar al cliente", "el cliente siempre tiene razón", "el cliente es el rey" y otras por el estilo. Pero en verdad en servicios no se puede razonablemente pensar en los clientes a la vez que olvidar a los empleados si se pretende llevar a cabo una estrategia exitosa. Una visión superficial de los servicios trivializa la importancia de los recursos humanos y los confina a un papel ejecutor en el que sólo es importante que aprendan a sonreír. En nuestra práctica profesional de consultoría nos hemos encontrado infinidad de veces con empresas que, cuando tienen problemas con la satisfacción del cliente creen que lo único que hay que hacer es darle al personal cursos de calidad de atención, omitiendo el hecho de que los procesos de atención al cliente muchas veces arrastran problemas estructurales que jamás podrá solucionar el personal por más cortés y respetuoso que sea. Al especialista en servicio al cliente John Goodman, sus investigaciones le han develado el hecho empírico de que los empleados no son la causa de la mayoría de las insatisfacciones de los clientes. El problema está en lo que se les dice que digan o hagan y, al ser ellos la cara visible, pueden ser fácil e injustamente incriminados[27].

Es fundamental que las empresas comprendan en profundidad los aprendizajes que se derivan del modelo del espejo, empezando por entender que las empresas de servicio, a diferencia de otro tipo de empresas están obligadas a prestarle atención a dos mercados. Uno obviamente es el mercado comercial, en donde pugnará con sus competidores por apropiarse de los clientes más valiosos. Pero el otro muchas veces olvidado y sólo recordado ante la necesidad urgente, es el mercado laboral. Si se es una empresa que pretende ocupar una posición de vanguardia, deberá competir por apropiarse de los empleados más valiosos para desarrollarlos luego hasta su máximo potencial.

Veamos lo que hace **Café Martínez** al respecto.

7.5 Selección y capacitación

Resulta políticamente correcto que cuando el que conduce una empresa dirige su palabra en las grandes reuniones, diga al personal que lo que más le importa a la empresa son sus empleados, que su gente es lo más valioso que tiene. Sin embargo es oportuno recordar lo que dice Collins al respecto: "El viejo dicho de que 'Las personas son su activo más importante' resulta equivocado. Las personas no son su activo más importante. Las personas correctas lo son"[28].

---

[27] John A. Goodman, *Strategic Customer Service* (AMACOM, 2009), 18.

[28] James C.Collins, *Good to Great* (HarperCollins, 2001), 13.

La pregunta entonces es: ¿cómo hacer para contar con las personas "correctas"? Algunos suponen que todo se reduce a incorporar a personas que más o menos den con el perfil deseado en términos de edad, género, educación, experiencia y otras características fácilmente verificables y luego corregir lo que haya que corregir a través de la capacitación. Sin embargo la experiencia nos demuestra que esa visión es errada por reduccionista. Todos los seres humanos tenemos algún talento, algo en lo que somos buenos, pero no todas las tareas requieren del talento que nosotros poseemos. No todos podemos desarrollar adecuadamente cualquier tarea ni siquiera aunque nos traten de capacitar para ello, simplemente porque no es lo nuestro, no lo sentimos, no tenemos la actitud necesaria para ello. Por eso el camino hacia llegar a contar con personas que puedan dar lo mejor que tienen, comienza precisamente por encontrar a las personas que tengan la actitud que estamos buscando o, en términos más profundos, que compartan los valores que queremos para nuestra marca, es decir para nuestra gente, porque en servicios marca y personal son sinónimos.

Todos sabemos intuitivamente qué significa tratar bien o mal a un cliente. Gran parte de lo que construye las relaciones humanas no tiene que ver con habilidades, tiene que ver con valores como respeto y honestidad, por citar dos repetidamente atribuidas al personal de **Café Martínez** por parte de los clientes entrevistados. Esos valores no se enseñan en un curso, se poseen o no. Como nos dijo un empleado de **Café Martínez** al que entrevistamos: "El trato con los clientes es personalizado pero no necesito que [los dueños] me lo pidan o me motiven para eso. Nosotros nos relacionamos [espontáneamente]. Generás charla con ellos"[29]. Lo primero que debe hacerse es reclutar en función de los valores. Ese es el enfoque usado por **Café Martínez**: tratar de rodearse de buena gente y conservarla predicando con el ejemplo porque no será posible para una empresa deshonesta retener a empleados honestos por largo tiempo. Depende de que la empresa y sus franquiciados tengan esos valores

---

[29] Empleado #2 perteneciente a una sucursal franquiciada, entrevistado por Matías Vannelli, 22 de marzo de 2012.

y que a partir de allí busquen personal que los compartan. Dice **Café Martínez** en el Manual de inducción para sus nuevos empleados: "Los conocimientos y habilidades los irás desarrollando, la pasión deberás alimentarla para que se mantenga viva, pero sin honestidad, no podrás trabajar en nuestro equipo"[30]. Como dice Berry: "Si la conducta de los empleados está orientada por valores fuertes, las compañías pueden funcionar con menos reglas"[31].

Los pasos del proceso de selección en **Café Martínez** se aprecian en la Figura 7.3.

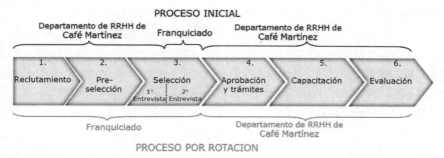

Figura 7.3: Proceso de Selección de Café Martínez. Adaptado del Manual de Cultura de Café Martínez. Reproducido con autorización de Café Martínez.

Si bien el proceso es siempre el mismo, su ejecución se distribuye de distinta manera entre franquiciante y franquiciado, según se trate de la incorporación de personal por la apertura de una sucursal (proceso inicial) o por reemplazos (proceso por rotación).

Como se trata de buscar a los mejores y evitar que la aparición de una vacante imprevista obligue a una selección rápida y descuidada, se lleva a cabo un proceso continuo de selección, es decir siempre se está a la búsqueda de personal. Más allá de otras fuentes más tradicionales de bús-

---

[30] Información obtenida con autorización de Martínez Hnos. del Manual de Inducción, usado para la capacitación del personal, de circulación interna.

[31] Berry, *Cómo Descubrir el Alma del Servicio*, 258.

queda de personal, una importante cantidad de postulaciones llegan a través del formulario de postulación *on line* que **Café Martínez** tiene en su sitio web. Estas postulaciones son clasificadas en casa central y compartidas con los franquiciados. En el caso de que se postule una persona que haya trabajado anteriormente en una cafetería de **Café Martínez**, se piden necesariamente referencias al anterior empleador de la cadena y se deberá contar con su consentimiento para hacer la incorporación.

Para las entrevistas existe un esquema muy detallado que incluye una guía de preguntas a realizar y el criterio para evaluar al postulante. Una técnica interesante que usa **Café Martínez** para verificar la compatibilidad entre las expectativas del postulante y las características del puesto es hacerle una demostración de la manera en que deberá trabajar y comentarle los estándares de desempeño. De esta manera el postulante sabrá de antemano bajo qué criterios va a ser evaluado y qué se espera de él. **Café Martínez** es explícito ante los postulantes en cuanto a que no busca personal "promedio", sino aquellos que entiendan la importancia del desempeño de las ventas y de la atención especial que **Café Martínez** quiere brindar a sus clientes. En línea con esto último, el postulante recibe una explicación en cuanto a lo que significan los "Momentos Martínez" y se le pide que indique qué cree que él o ella pueden aportar para lograrlos. Es en esta instancia donde se evalúa la compatibilidad del postulante con los valores de **Café Martínez**. En el caso que los pasos 1 a 3 hayan sido llevados a cabo exclusivamente por el franquiciado, en el paso 4 el postulante tiene una entrevista con una persona de la casa central la que lo evalúa y en caso de aprobación, el postulante inicia sus trámites pre-ocupacionales y pasa a la etapa de capacitación.

La capacitación la llevan a cabo instructores del Departamento de Recursos Humanos o bien entrenadores internos, es decir personal de las cafeterías que fue "seleccionado para este desafío por demostrar siempre elevado compromiso, dedicación y esmero"[32] en su trabajo cotidiano y a los que se les da un curso para desempeñarse como entrenadores.

Café Martínez entiende a la capacitación como una actividad permanente, no algo eventual. La empresa ha firmado un convenio con la Facultad de Ciencias de la Administración de la Universidad del Salvador que desde hace varios años le da acceso a un aula que ha equipado y que usa sistemáticamente. La capacitación de **Café Martínez** es un proceso que se lleva a cabo a lo largo de tres semanas. La primera semana es teórico-práctica e incluye un entrenamiento en la planta de producción de café en la que se aprende a reconocer, degustar y a preparar las distintas variedades de café, comidas y bebidas. Se adquieren conocimientos teóricos acerca de los productos y el trato con los clientes e incluye un examen. La segunda semana es de entrenamiento y se lleva a cabo en un "local escuela". El proceso dura cuatro días; en el primero el entrenador en base a los procesos de atención hace una presentación de los "cómo" y los "por qué" de cada procedimiento que lleva a cabo. El segundo día el nuevo empleado hace un entrenamiento reverso, es decir explica a su entrenador cada paso que va haciendo. El tercer día es de seguimiento, en él el nuevo empleado comienza a trabajar en forma independiente pero siempre acompañado por el entrenador. El entrenador irá realizando las correcciones pertinentes y se asegurará de que los procedimientos se afiancen y al finalizar el día le dará una devolución sobre lo observado, siempre referida a los procesos de atención. El cuarto día el entrenador hará una evaluación en base a una planilla a tal efecto y se considerará aprobado cuando la calificación sea igual al 100% de cumplimiento de los procedimientos fijados. En caso que no lo logre se reforzará el entrenamiento. En la tercera semana, si se trata de un nuevo local, se hace la "pre apertura" o *family day*, en la que cada empleado invita a dos familiares o amigos y se practica con ellos, pero con el local cerrado aún al público general.

---

[32] Información obtenida con autorización de Martínez Hnos. del Manual de Entrenamiento, de circulación interna.

Las evaluaciones antes mencionadas también se realizan a todos los empleados ya entrenados y abarcan a todos los puestos del local, la finalidad es preservar la consistencia del servicio a lo largo de toda la cadena, vinculada con el cumplimiento de los estándares relacionados con el conocimiento de producto y las habilidades en la atención al cliente.

El producto de toda esta intensa actividad que va desde la selección a la capacitación, es claramente percibido por los clientes de **Café Martínez**. Evidencias de esto son la gran cantidad de comentarios que pueden sintetizarse en el siguiente: "[el personal] está muy bien elegido y entrenado, se ve que no es gente que viene [a trabajar] improvisadamente"[33].

Decíamos anteriormente de la importancia superlativa de saber seleccionar al personal. Ante esto alguien podría pensar que la capacitación es algo superfluo y en verdad no lo es. Muchos empresarios y gerentes temen que al capacitar al personal éste deje la empresa, pero, ¿no es mayor el daño si no lo capacitan y el personal se queda? Se debe entender que en estas épocas de cambios sociales y tecnológicos tan acelerados, "el aprendizaje es una travesía, no un lugar de destino (…) [porque] las competencias estáticas implican un retroceso"[34]. Además la capacitación dignifica al individuo porque le da más seguridad, lo que refuerza sus valores y lo motiva porque le aumenta su autoestima al "verse bien", es decir, como un profesional en lo que hace.

Cuando se recluta bien y además se capacita bien, lo que se logra no es un empleado que hace bien su tarea, sino uno que la hace de manera destacable. Pero es entonces cuando se vuelve fundamental una tarea de los líderes: saber alentar a su personal para que no sólo sepa y pueda hacer las cosas, sino también que quiera hacerlas.

---

[33] Entrevista en profundidad en sucursal Olazábal (Cap.Fed.) de Café Martínez a cliente masculino, mayor a 46 años, entrevistado por Ana Ma. Eberle, 24 de junio de 2012.
[34] Berry, *Cómo Descubrir el Alma del Servicio*, 239.

Será entonces la hora en la que los empleados a los que seleccionamos y capacitamos con tanto empeño pasarán a integrar algo más grande. Algo que veremos en el capítulo siguiente.

Capítulo 8

La comunidad también construye la marca

8.1 Lo social entra en el marketing

El concepto de comunidad siempre fue un tema de la sociología pero sólo recientemente comienza a ser parte del léxico del marketing. Es difícil encontrar al concepto de comunidad vinculado al estudio del comportamiento del consumidor. El foco del marketing tradicionalmente estuvo en detectar y entender los deseos (más que las necesidades) del consumidor individual, a quien se ponía solitariamente en el centro de todas las acciones de marketing y hacia quien, como target, se apuntaban las estrategias y tácticas adecuadas para poder "satisfacerlo". Esa individualización del sujeto desalentaba cualquier noción de comunidad como parte del análisis, porque además estaba relacionado con un modelo cultural de éxito basado en el individualismo para el consecuente acceso a los productos y servicios a consumir.

La idea misma de sociedad moderna estaba en contraposición a la de comunidad. Aquella con productos y servicios que cubrieron primero los territorios nacionales y luego alcanzaron escalas globales, excedía los límites acotados de cualquier comunidad, entendida ésta desde una perspectiva de territorialidad limitada. Así, la noción de sociedad de consumo, como espacio del marketing estaba en las antípodas del concepto de comunidad. En tiempos posmodernos, la idea de comunidad fue cobrando un sentido contracultural, como espacio de resistencia ante el avance arrollador y a escala global de la sociedad de consumo. Sin embargo la inusitada crisis económica en países centrales, vinculada con escándalos referidos a manejos fraudulentos en el mundo corporativo y las recurrentes catástrofes ecológicas de distinta naturaleza, entre otros sucesos recientes, han hecho que estos reductos contestatarios respecto al curso que seguía la sociedad de consumo hayan dejado de ser una cuestión de unos pocos grupos radicalizados y hayan alcanzado un nivel de consciencia a escala global.

En el Capítulo 2 cuando dábamos evidencias de la estrepitosa caída en el mundo entero de la confianza de los individuos hacia las marcas y las empresas, estábamos señalando un fenómeno con enormes consecuencias. Para poder confiar en las empresas, las personas consideran más importante que aquellas hagan cosas que "impacten positivamente en la comunidad" a que tengan productos innovadores, sean sólidas financieramente o sean líderes respetados en su sector[1]. Las personas esperan que las empresas actúen de forma comprometida, sustentable y transparente y no solo piensen en su lucro de corto plazo sino en contribuir al capital social de largo plazo. Por eso hoy en día, más que nunca antes, es necesario este encuentro entre los conceptos de marketing y de comunidad. En otros términos: lo social debe entrar fuertemente en el marketing.

Por otro lado, el concepto actual de comunidad excede al original que tenía asociado como característica necesaria la pertenencia a un espacio físico usualmente limitado. Una comunidad es "una red de relaciones sociales marcada por mutualidad y lazos emocionales"[2]. Son varios

---

[1] Edelman, Edelman Trust Barometer, *Global Results 2012*, http://trust.edelman. com/ trust-download/global-results/ (consultado el 8 de junio de 2013).
[2] Bender T (1978) citado en: Albert M. Muniz Jr y Thomas C. O'guinn. "Brand Community." *Journal of Consumer Research* 27.4 (2001): 413.

los sociólogos estudiosos de las redes sociales *(social networks)*[3] que enfatizan la suficiencia de la existencia de estas ligaduras para poder hablar de comunidad, sin que el concepto tenga que estar vinculado con la necesidad de cercanía geográfica. Esta acepción cobra hoy mayor vigencia que nunca antes dada la fácil disponibilidad de medios sociales tecnológicos como las redes sociales informáticas (social media) que pueden generar vinculaciones entre individuos superando largamente cualquier restricción territorial.

Confluyen entonces dos palabras clave: comunidades y redes. Una comunidad es vista por sociólogos como Wellman como una forma particular de red social[4]. Si las personas establecen vínculos, los vínculos forman redes y las redes forman comunidades, éstas le pueden dar al marketing una nueva dimensión, la dimensión de lo social. Las comunidades junto con otros actores sociales son nuevos sujetos del marketing.

Hay coincidencia hoy en día en el mundo académico del marketing en cuanto a que independientemente de que se trate de servicios o de productos, "cualquier marca es construida a través de interacciones sociales y por lo tanto su valor se sitúa en las mentes de sus clientes y de un grupo más amplio de líderes de opinión *[opinion makers]* y de partícipes sociales *[stakeholders]*"[5]. Si a esto se le adiciona la potenciación que faci-

---

[3] El uso del término "redes sociales" *(social networks)* tiene que ver con el concepto sociológico que alude a un conjunto bien delimitado de actores (individuos, grupos, organizaciones, comunidades, sociedades globales, etc.) vinculados unos a otros y no a las redes sociales informáticas *(social media)*. Para evitar confusiones a estas últimas las denominaremos "medios sociales".

[4] Ver: Barry Wellman y Milena Gulia., "Virtual Communities as Communities, Net Surfers Don't Ride Alone", en Marc A. Smith y Peter Kollock, Ed., *Communities in Cyberspace*, (Londres: Routledge, 1999), 167-194. Barry Wellman y Scot Wortley, "Different Strokes from Different Folks: Community Ties and Social Support", *American Journal of Sociology,* Vol.96 N°3, (Noviembre 1990), 558-588.

[5] Michael A. Merz, Yi He y Stephen L. Vargo. "The Evolving Brand Logic: A Service-Dominant Logic Perspective." *Journal of the Academy of Marketing Science* Vol. 37 N°3 (2009): 328-344.

litan las tecnologías de la información y la comunicación (TIC), puede decirse que existe un inédito poder de influencia que reside en clientes y comunidades, quienes hoy tienen una decisiva capacidad de influencia sobre las marcas, es decir sobre las empresas.

Desde luego que estamos hablando de un fenómeno bastante reciente, dado que a lo largo de la historia del marketing no siempre ha sido así. La Tabla 8.1 resume cómo ha sido esta evolución.

Construcción de marca	Paradigma de Marketing	Constructores de marca	Instrumento emblemático	Período
Unilateral	Marketing de productos	Empresa	Publicidad por medios masivos de comunicación	Hasta 1985/ 1990
Bilateral	Marketing de servicios	Empresa (Empleados) y Cliente	Procesos de gestión de la relación con el cliente y su experiencia.	1985/ 1990 a 2000/ 2005
Multilateral	Marketing de comunidad	Clientes- Empresa- Partícipes sociales	Medios sociales de interacción	A partir de 2000/ 2010

Tabla 8.1: Evolución en la Construcción de Marca.

La tabla debe ser leída con ciertas precauciones. Por un lado todo corte temporal es siempre arbitrario y este caso no es la excepción. Por otro lado, la evolución no ha sido pareja en el mundo entero y depende no solo de cuestiones geográficas y sociodemográficas sino inclusive sectoriales, es decir, por ramas de actividad. Por eso los cortes por períodos son en verdad difusos. También debe decirse que los sucesivos enfoques no reemplazaron a los anteriores, sino que a modo de capas geológicas, fueron asentándose estratificadamente unos sobre otros, formando un "suelo" sobre el que operan las organizaciones.

La construcción unilateral de la marca es la proverbial construcción publicitaria que de tanta importancia que ha tenido y considerando el largo período que ha prevalecido, ha hecho que para el gran público, marketing y publicidad sean sinónimos. El foco estaba en el producto (o servicio) portador de la marca. Al dominar la empresa unilateralmente la comunicación, "la marca era lo que la empresa decía que era". Esta mirada transita con algunos matices menores hasta mediados de la década de los 80, cuando un conjunto de académicos de marketing establecen un corpus separado para analizar a los servicios en forma diferenciada de los productos[6]. Si bien la empresa no abandona la acción unilateral, incorpora una mirada que señala la relevancia de la relación con el cliente y de la experiencia que vive el cliente en contacto con la marca. Bajo esta perspectiva "una marca no es lo que ella dice que es, sino lo que el cliente experimenta", haciendo entonces que la construcción pase a ser bilateral, dado que el cliente interviene activa y presencialmente en el proceso de co-creación de valor. Esta mirada estuvo dirigida inicialmente a las empresas de servicios, dado que en ellas el cliente interviene normalmente en el acto de servicio y allí interactúa con las instalaciones *(servicescapes)* y fundamentalmente con el personal, que son los que tangibilizan y corporizan la marca. El paradigma de servicios se extiende al mundo de los productos tangibles en el año 2004 cuando Vargo y Lusch crean el concepto de "lógica dominante de servicio" *(service-dominant logic o S-D logic)*, para el que en última instancia todo está dominado por una lógica de servicio[7]. Así un producto es un instrumento para proveer un servicio, llegando al extremo paradojal marcado por Shostack, en el cual un automóvil puede ser considerado un servicio tangible de transporte que se vende acompañado de un "subproducto" llamado coche[8].

---

[6] Si bien puede considerarse al artículo de G. Lynn Shostack: "Breaking free from product marketing" en *The Journal of Marketing* de abril de 1977 como el primero que alude al tema, son los trabajos de Grönroos (1984) y Zeithaml, Parasuraman y Berry (1985) los que en verdad dan un fundamento sólido al Marketing de Servicios.

[7] Stephen L. Vargo y Robert F. Lusch, "Evolving to a New Dominant Logic for Marketing" *Journal of Marketing* (2004) 68(1), 1–17.

[8] Shostack: "Breaking free," 74.

A la perspectiva diádica cliente-empresa de naturaleza bilateral, se le comienza a oponer una mirada multilateral que incorpora el concepto de comunidad, aunque solo limitada a una comunidad de clientes, expresada en esta frase de Prahalad y Ramaswamy: "[La] visión del mundo centrada en la empresa, refinada a lo largo de los últimos 75 años, ha sido desafiada no por nuevos competidores sino por comunidades de consumidores conectados, informados, empoderados y activos"[9].

Pero es la aparición del concepto de comunidades de marca *(Brand communities)* y la idea de que una marca es parte de un proceso social continuo al que se agregan más actores que los hasta entonces mencionados, la que lleva a pensar a muchos investigadores al final de la primera década del nuevo siglo, que se ha iniciado una nueva etapa de la construcción de marca, por la que estamos comenzando a transitar y que nosotros llamaremos multilateral. Además nos llevará a plantear un nuevo concepto: el de marketing de comunidad.

8.2 Hacia un marketing de comunidades

Antes de definir qué entendemos nosotros por marketing de comunidad, veamos qué uso relevante se la ha dado al concepto de comunidad por parte de distintas perspectivas académicas del marketing.

Comencemos por el término "comunidades de marca" *(brand communities)* recientemente mencionado. Fueron Muñiz y O'Guinn quienes en 2001 lo definieron como: "(…) una comunidad especializada, sin ataduras geográficas, basada en un conjunto estructurado de relaciones sociales entre admiradores de una marca"[10]. Dicen que es especializada desde el momento que está centrada en la marca de un producto o un servicio pero que a pesar de estar contextualizada en un entorno comer-

---

[9] Coimbatore K. Prahalad y Venkat Ramaswamy. "Co-creation Experiences: The Next Practice in Value Creation." *Journal of Interactive Marketing* 18.3 (2004): 8.
[10] Muñiz y O'Guinn, "Brand Community", 412.

cial, igualmente contiene tres atributos que hacen a toda comunidad: conciencia de pertenencia, rituales y tradiciones y sentido de responsabilidad hacia el conjunto y sus integrantes.

Estas comunidades tan particulares normalmente se han formado alrededor de marcas poderosas, "con una fuerte imagen, una rica y extensa historia y una competencia amenazante"[11]. Los integrantes de estas comunidades son descriptos por los autores como personas con fuertes sentimientos hacia la marca que si bien "no es la cosa más importante de sus vidas (…) tampoco es trivial"[12]. Establecen fuertes vínculos entre ellos y trazan una clara diferenciación respecto de los usuarios de otras marcas y en particular de la marca competidora. Se sienten diferentes y especiales en comparación con los de otras marcas. Se definen tanto por lo que son como por lo que no son, en simetría con la marca a la que siguen. Un ejemplo paradigmático de esto son las comunidades globales relacionadas con la marca Macintosh de Apple en oposición a las de usuarios de PC Microsoft. Otros ejemplos de comunidades de marca muy estudiados académicamente son las de las motos Harley-Davidson, las películas Star Wars o los vehículos Jeep. En la industria automotriz es enorme la cantidad de "clubes" que existen en el mundo entero relacionados con distintas marcas y modelos de vehículos.

La noción de comunidad puede encontrarse también, aunque algo tangencialmente, dentro del concepto de "marketing social". Éste es entendido como la aplicación de los principios del marketing para mejorar el bienestar de la sociedad. Las comunidades son actores sociales y como tales están alcanzadas por el marketing social, tanto como mediadoras como receptoras de sus acciones. Típicas acciones del marketing social tienen que ver con campañas para el cuidado de la salud, el medioambiente, la educación y toda causa no comercial, que tenga como finalidad una mejora para la sociedad.

---

[11] Muñiz y O'Guinn, "Brand Community", 415.

[12] Ibíd., 418.

Pero tal vez sea el "marketing tribal" *(tribal marketing)* el que utiliza la noción de comunidad en sus sentido más genuino. Este enfoque viene de una mirada latino-europea del marketing y más precisamente mediterránea, denominada Escuela Latina *(Latin School of Societing)* que representa a académicos de Francia, Italia y España que pretenden proponer una perspectiva diferente a la de las tradicionales escuelas de los países del Norte (de América y de Europa). La Escuela Latina cree que el pensamiento del Norte destaca valores de racionalismo, utilitarismo y universalismo, en contraste con los de comunidad, afectividad, futilidad y resistencia, más propios de un pensamiento del Sur (europeo).

El leitmotiv de la Escuela Latina es: *"The link is more important than the thing"* (El vínculo es más importante que la cosa)[13]. Para el francés Bernard Cova, uno de sus referentes académicos más destacados, debe entenderse la actividad económica embebida dentro de un contexto social. Para él, los productos y servicios son consumidos tanto por su valor de uso, como por la posibilidad de vincular a los individuos dentro de una comunidad. Piensa que la sociedad moderna se caracteriza por la fragmentación y la disolución de los vínculos, como consecuencia de la cultura individualista que impulsan modelos como los del Norte y que por ello es urgente que el marketing dé soporte a un renovado sentido de comunidad. La búsqueda de "re-crear" el vínculo social es lo que impulsa la creación del "tribalismo".

El término puede sonar extemporáneo, pero intencionalmente sus impulsores han apelado a la "metáfora tribal" con un sentido de "volver a las raíces". La palabra "tribu" tiene que ver con la re-emergencia de antiguos valores como localismo, emoción, pasión y lazos sanguíneos. Si bien ellos mismos aceptan que el término más apropiado podría haber sido comunidad en vez de tribu, evitaron su uso dado que en idioma inglés el concepto de comunidad "sufre de un excesivo giro modernista"

---

[13] Bernard Cova y Veronique Cova. "Tribal Marketing: The Tribalisation of Society and its Impact on the Conduct of Marketing." *European Journal of Marketing* Vol.36 N°5/6 (2002): 598.

como en el caso de su uso en "comunidades de interés" propias del mundo de Internet y es por eso que no usan "el concepto de 'comunidad' para definir una dinámica social posmoderna"[14].

Sin embargo, a nuestro criterio la denominación "marketing de comunidad", es perfectamente útil y puede definirse como la vertiente dentro de la disciplina del marketing, dedicada al desarrollo e intercambio de productos y servicios que facilitan y estimulan la generación y desarrollo de vínculos sociales, incorporando no solo a los clientes sino a la propia empresa en una misma comunidad.

Esos productos y servicios poseen cualidades de "vinculación" tal como propone el marketing tribal, sin que necesariamente ese vínculo tenga que ser casi místico, como la alusión a lo tribal pareciera sugerir. Tampoco esas comunidades tienen que estar necesariamente formadas por idólatras o fans, como pareciera suceder en las comunidades de marca. Se trata de personas que buscan en esos productos o servicios no solo los beneficios básicos que el producto provee, sino también la posibilidad de establecer vínculos con otros clientes, con los empleados que atienden o, simplemente, sintiéndose a través de su uso o consumo colectivo, lejos del aislamiento y la soledad tan típica de la vida urbana actual. Son miembros de comunidades que, tal como dicen Cova y Cova, "están unidos por concretas experiencias cotidianas compartidas"[15].

También coincidimos desde nuestra postura de marketing de comunidad con las críticas que los defensores del marketing tribal hacen de los enfoques de marketing uno a uno *(one-to-one marketing)* y de marketing relacional *(relational marketing)*. Si bien estas dos perspectivas buscan establecer un vínculo e incluso pretenden estar cerca del cliente, siempre lo hacen desde una relación diádica con el objeto de lograr la mayor personalización del producto o servicio, pero sin que esto signifique facilitarle

---

[14] Cova y Cova, "Tribal Marketing", 600.
[15] Ibíd., 604.

al cliente una experiencia que incorpore a sus semejantes a ella. Es decir, estos enfoques siguen siendo absolutamente individualistas a pesar del rótulo de "relacionales". Para nosotros, las empresas que pretendan hacer marketing de comunidad, no deben contentarse con facilitar las interacciones sociales, sino que ellas mismas deben ser parte del proceso.

> No es solo una cuestión de servir a una comunidad, es una cuestión de ser miembro de ella (…) Y esta comunidad no es necesariamente una "comunidad de marca" (Kotler, 1999, p. 160) sino una comunidad respaldada por una marca, lo que es algo diferente[16].

El marketing de comunidad no niega la naturaleza de consumo inherente al modelo capitalista. Lo que procura es no perder la dimensión humana y fundamentalmente evitar que se abandonen hábitos sociales saludables, especialmente en culturas como las nuestras, de naturaleza gregaria. Las marcas que lo hagan serán reconocidas con muestras de lealtad, como se verá más adelante.

Pero las comunidades a las que refiere el marketing de comunidad, no están conformadas solamente por clientes que se vinculan alrededor de una marca. El mundo actual es un mundo interactivo basado en redes y la tecnología jugó un rol fundamental en el cambio de paradigma que estamos analizando. Tal vez Castells sea el sociólogo que mejor explica la interrelación entre tecnología y sociedad. Lo seguiremos a él para entender precisamente la irrupción de la tecnología en la sociedad.

Durante dos décadas el mundo ha estado transitando un proceso multidimensional de transformaciones estructurales asociado a la aparición de un nuevo paradigma tecnológico basado en las TIC[17]. Pero es inte-

---

[16] Cova y Cova, "Tribal Marketing", 615.
[17] Manuel Castells y Gustavo Cardoso, Eds. *The Network Society: From Knowledge to Policy.* Center for Transatlantic Relations, Paul H. Nitze School of Advanced International Studies, Johns Hopkins University, 2006.

resante destacar cómo Castells da a la tecnología un rol relevante que excede su esperable asimilación a lo que se puede identificar como un agente intermediario, al decir que "Sabemos que la tecnología no determina la sociedad: es la sociedad"[18]. La sociedad le da forma a la tecnología y estas tecnologías son especialmente aptas para su uso social. Dice Castells que la historia de Internet provee amplia evidencia de que los primeros miles de usuarios fueron los verdaderos productores de la tecnología. Explica que su concepto de *network society* (sociedad red) resulta de la interacción del nuevo paradigma tecnológico y la organización social a gran escala. Las redes a través de la historia han tenido ventajas y desventajas frente a otras formas de organización social. Por un lado son la forma de organización más flexible y adaptable, pero por otro lado no han podido superar su alcance más allá del terreno de la vida privada y los límites acotados, dado que no han tenido el poder para acometer proyectos a gran escala, porque estos espacios estaban ocupados por grandes organizaciones verticales como estados, iglesias, ejércitos y corporaciones. Esto es precisamente lo que las nuevas tecnologías han venido a cambiar: la posibilidad de las redes sociales de superar sus límites históricos. Enfatiza Castells el hecho de que la sociedad de red actual es global dado que está basada en redes tecnológicas que trascienden fronteras.

Ese entramado facilitado por la tecnología, hace que entren en interacción con la marca diversos actores sociales, además de los clientes. Desde luego que los empleados y proveedores, pero además gobiernos, competidores, instituciones educativas, diversas ONG, medios, grupos de interés y varios otros más. Todos estos partícipes sociales, hacen a través de la interacción, a una construcción de marca multilateral, facilitada aún más por los medios sociales tecnológicos.

Este drástico cambio que se refleja en el marketing pero que en verdad se trata de un verdadero cambio en la sociedad, se produjo a partir de los primeros

---

[18] Castells, *The Network Society*, 3.

años de este nuevo siglo, justo en el momento en que **Café Martínez** ponía en marcha su nueva etapa. La empresa no solo no fue ajena a este cambio de paradigma, sino que supo aprovecharlo para darle impulso a su proyecto.

Al concepto de comunidad supieron agregarle su apellido.

8.3 La comunidad Martínez

A poco de que empezáramos a investigar con el equipo de la Universidad del Salvador el éxito de **Café Martínez** y sin que nos lo hubiésemos propuesto buscar, nos encontramos con una palabra que habría de repetirse luego muchas veces dentro de la empresa: "comunidad". Dice Vannelli, uno de los investigadores del equipo:

> El término Comunidad es para **Café Martínez** una suerte de filosofía sobre la que se viene trabajando y busca enlazar a todos los participantes de la cadena dentro de un mismo círculo virtuoso que favorezca el desempeño global de la organización junto con todos y cada uno de sus participantes[19].

Esta observación recoge varias manifestaciones que los propios dueños de **Café Martínez** nos hicieron en diversas circunstancias a lo largo del estudio, como la siguiente de Marcelo Salas Martínez:

> Estamos convencidos de que [Café] Martínez es de alguna forma una empresa-comunidad en la que todos estamos conectados (…) la forma de generar comunidad es sumándote a algo que ya existe, nosotros estamos trabajando mucho sobre eso, sobre creación de comunidad y la comunidad Martínez es franquiciados, proveedores, nosotros y clientes. (…) [Ese es] el clima en el que anda la compañía[20].

---

[19] Matías Vannelli, "Validando el Modelo de Éxito de Leonard Berry en una Empresa Argentina" (Tesis de Maestría, Universidad del Salvado), 18.

[20] Marcelo Salas Martínez, citado en Vannelli, "Validando el Modelo de Éxito".

Empecemos a analizar esa comunidad amplia comenzando por los clientes que la integran. Si bien es cierto que una fracción de los clientes de **Café Martínez** es eventual y no busca ir demasiado más allá de consumir un café, debe recordarse lo mencionado en el Capítulo 4 en cuanto a que es la cadena que tiene la más alta proporción de clientes con alta frecuencia de concurrencia a sus locales. A partir de entrevistas con estos clientes frecuentes notamos en ellos un lazo de vinculación muy fuerte, no solo con la marca, sino con el personal y hasta con otros clientes del lugar. Lo resume con total claridad esta clienta frecuente: "[vuelvo] porque acá me conocen mucho, me encuentro con gente conocida que está en otras mesas, nos saludamos"[21]. Esto último puede parecer banal pero no lo es. Los rituales de saludo tienen que ver con un público reconocimiento y son parte necesaria de una pertenencia comunitaria. Dicen Muñiz y O'Guinn refiriéndose al hecho de saludarse entre los miembros de una comunidad de marca: "Dichos rituales pueden al principio parecer insignificantes, pero funcionan para perpetuar la conciencia de pertenencia [a una comunidad]"[22].

Recordemos que la Visión de **Café Martínez** es "Ser en cada país, ciudad, pueblo o barrio 'El lugar' elegido por su gente"[23]. Releyéndola a la luz de lo que nos dijeron los clientes frecuentes y teniendo presente el concepto de empresa-comunidad expresado por los dueños, queda clara la aspiración de la empresa por convertirse en lugar de congregación y vinculación propia de lo que ya hemos definido como marketing de comunidad. Son los propios clientes los que lo definen claramente. Cuando les preguntamos si **Café Martínez** aporta algo a la comunidad, nos

---

[21] Entrevista en profundidad en sucursal San Miguel (Pcia. Bs. As.) de Café Martínez a cliente de género femenino, mayor de 46 años, entrevistado por Raúl Torqui el 22 de junio de 2012.

[22] Muñiz y O'Guinn, "Brand Community", p.422.

[23] Información extraída con autorización de Café Martínez del Manual de Cultura Martínez, Módulo: La Empresa, de circulación interna.

respondieron cosas como: "aporta un lugar de encuentro"[24] o "aporta a la comunidad sociabilidad"[25].

Como parte de la investigación, durante dos años utilizamos la técnica de observación participante en una sucursal de **Café Martínez** que nos permitió vincularnos con clientes frecuentes, personal y dueños, y observar y registrar sus interacciones, las distintas dinámicas que se establecían y tomar de primera mano sus apreciaciones[26]. En el grupo de clientes frecuentes se observó la reiteración de ciertas costumbres, que más que rutinas parecían ser rituales bastante marcados: concurrir siempre aproximadamente a la misma hora del día; saludar al personal detrás del mostrador, en muchos casos haciendo uso de su nombre de pila; tratar de ubicarse, de ser posible, en la mesa de siempre o cerca de ella; saludar a la camarera, en algunos casos con un beso; hacer el pedido de manera sintética: "lo de siempre". Era habitual que esta clientela entablara conversaciones con el personal. Esas conversaciones son actos de reconocimiento y de interés por el otro, como lo expresa esta clienta: "Si se dan cuenta que uno no está bien, [preguntan] '¿Le pasa algo señora porque hoy la veo apagadita?'"[27] Pero también se registraban intercambios entre clientes frecuentes, motivados por diversas circunstancias como compartir el diario y aludir a la noticia del día. Pudimos comprobar que el ritual de saludo era muy fuerte entre ellos. Comprobamos que este reconocimiento mutuo entre clientes frecuentes se prolongaba más allá del ámbito de la cafetería y si ellos se cruzaban por la calle en las inmediaciones del local, igualmente se saludan.

---

[24] Entrevista en profundidad en sucursal Vte. López (Cap.Fed.) de Café Martínez a cliente de género femenino, mayor de 46 años, entrevistado por Ignacio Monti el 12 de agosto de 2012.

[25] Entrevista en profundidad en sucursal Olazábal (Cap.Fed.) de Café Martínez a cliente de género femenino, rango etario: entre 20 y 30 años, entrevistado por Ana Ma. Eberle el 24 de junio de 2012.

[26] El trabajo fue realizado por el autor en la sucursal de Talcahuano 948 durante los años 2011 y 2012. Sobre la metodología ver: Alberto Marradi, Nélida Archenti y Juan Ignacio Piovani, *Metodología de las ciencias sociales* (Buenos Aires: Cengage Learning Argentina, 2010), 171.

[27] Entrevista en profundidad en sucursal San Miguel (Pcia. Bs. As.) de Café Martínez a cliente de género femenino, mayor de 46 años, entrevistado por Raúl Torqui el 22 de junio de 2012.

Los vínculos sociales que se crean y desarrollan no sólo son entre parroquianos, sino que el lugar también sirve como espacio para que otros vínculos sociales previos tengan un lugar en donde afianzarse. Dice un cliente "Asocio a **Café Martínez** con encontrarme con amigos y charlar, pasar las horas"[28].

Desde esta perspectiva, este puede ser otro elemento que ayude a explicar el éxito de **Café Martínez**. Treinta años atrás una iniciativa como esta tal vez no hubiese tenido la receptividad que hoy tiene, pero la desaparición lenta aunque sistemática de espacios comunitarios de encuentro dejó un espacio vacío para la necesidad de sociabilización. Por un lado los clubes sociales y deportivos fueron languideciendo a causa de motivos económicos y de profundos cambios en la familia y en los estilos de vida. Por otro lado los cafés de barrio no le brindaban a un determinado tipo de público la respuesta en términos de calidad de servicio que esperaban. Es en esa circunstancia temporal donde la aparición de un servicio que ofreciera ser un espacio adecuado para renovar el sentido de comunidad prendió con fuerza. Y lo hizo con una apelación clara y directa: convertirse en cada barrio en "'El lugar' elegido por su gente", como dice su visión.

Pero la comunidad Martínez tiene otros círculos concéntricos que van más allá de los clientes.

8.4 La franquicia como comunidad

Nos decía Marcelo Salas Martínez en 2011:

> Si considerás que tenés 80 sucursales, son mínimo 800 personas, luego los dueños de los locales, luego los proveedores, sus equipos, vas expandiendo los anillos y es interminable. Es un número im-

---

[28] Entrevista en profundidad en sucursal San Miguel (Pcia. Bs. As.) de Café Martínez a cliente masculino, rango etario: 31-45 años, entrevistado por Raúl Torqui el 22 de junio de 2012.

presionante de gente. Tenés que tomar conciencia de que sos una comunidad. Si no tomás conciencia de eso, se te diluye. Eso le pasó a montones de marcas que crecieron y crecieron y luego se diluyeron. Si son locales propios es más fácil, porque vos tomás las decisiones directamente. La franquicia te obliga a ocuparte del asunto porque si no, se te diluye[29].

Si tratar de construir una comunidad es difícil, hacerlo a través de un modelo de franquicias lo es mucho más. Sin embargo lo comunitario no era algo ajeno a los orígenes de la compañía. Ya contamos en el Capítulo 3 que desde los tiempos de su fundador, don Atilano, la empresa siempre tuvo vocación por el relacionamiento, considerando que el original local era un centro de reunión de la comunidad asturiana, tal como un club.

Con esos antecedentes, la nueva generación que conduce actualmente **Café Martínez** encontró que crecer con franquicias era coherente con la cultura que el propio abuelo fundador había establecido. Lo explica de esta manera Marcelo.

Mis abuelos ayudaban a otros inmigrantes españoles a instalarse en distintos negocios cuando llegaban a la Argentina. Esto fue muy fuerte y quedó en el ADN de la compañía. De alguna manera hoy la empresa

sigue haciendo lo mismo, de manera profesionalizada, al ayudar a otros a poner su cafetería[30].

Esto es coherente con el perfil de franquiciado que en la actualidad busca **Café Martínez**.

Hoy tratamos de buscar franquiciados activos, es decir que sean per-

---

[29] Marcelo Salas Martínez, "Living Case" (presentación, Facultad de Ciencias de la Administración de la Universidad del Salvador, 3 de noviembre de 2011).
[30] Ibíd.

sonas que estén trabajando en el local con el uniforme puesto, que es en realidad el tipo de perfil para el que fue creada nuestra franquicia[31].

Se prefiere este perfil al del franquiciado-inversor más alejado del mostrador. Esta preferencia tiene que ver con una intención de ayudar a personas que por diversos motivos no encuentran una inserción laboral ya sea por cuestiones de edad, género u otras y no desean asumir los altos riesgos de un emprendimiento desde cero. Hay muchos casos de mujeres al frente de una franquicia, ya sea solas, porque sus maridos tienen otra actividad laboral o bien a tiempo parcial junto a sus maridos o algún hijo. El paralelismo entre estos emigrados del mercado laboral tradicional y aquellos emigrados asturianos es innegable. El mandato comunitario de ayuda mutua se mantiene a lo largo del tiempo.

El mismo formato de franquicia adoptado por **Café Martínez**, denominado organización plural, que hemos descripto en el Capítulo 6, favorece el aprendizaje mutuo y esto no tiene que ver solamente con aspectos operativos del negocio. En **Café Martínez** hasta la formulación de la estrategia es abierta y alcanza a distintos actores, además de los franquiciados. "A nosotros nos gusta que todos conozcan nuestra estrategia, somos abiertos, esto incluye a clientes, franquiciados, proveedores, equipos propios, [es decir] la comunidad [Martínez]"[32].

En el caso de los proveedores, a la empresa les interesa especialmente integrarlos en esta comunidad, comenzando por su involucramiento en el desarrollo de productos, haciéndolos participar de las reuniones festivas y desde luego en reuniones que ayuden a comprender la orientación que sigue la empresa: "Este año hicimos muchísimo hincapié en que haya una reunión específica de cada una de las áreas [de **Café Martínez**] con los proveedores, para que cada uno les cuente lo que va a hacer"[33].

---

[31] Marcelo Salas Martínez, entrevista del autor, el 9 de abril de 2013.
[32] Ibíd.
[33] Ibíd.

No obstante, como sucede con tantas otras comunidades en este nuevo siglo, su expansión se ve ayudada por las nuevas tecnologías, como veremos a continuación.

8.5 La potenciación de los medios sociales

El último año del siglo XX, cuatro jóvenes vinculados con la tecnología escribían *The Cluetrain Manifesto*, un conjunto de 95 aserciones bajo la forma de un manifiesto, que tuvo la virtud de avizorar los grandes desafíos que la nueva era de Internet presentaría a las empresas y particularmente las posibilidades que se les abrían para potenciar el diálogo con los clientes[34].

Tiempo antes de que la web 2.0 fuera una realidad, profetizaron que Internet facilitaría las conversaciones entre personas, lo que no era posible en la era de los medios masivos. Concretamente en su Aserción n°1 afirmaron que "Los mercados son conversaciones" pero estas tienen que "sonar" humanas, sinceras, sin impostaciones por parte de las empresas. Ellos también recurrieron a la noción de comunidad a la que venimos aludiendo, al decir que "Para hablar con voz humana, las compañías deben compartir las preocupaciones de sus comunidades" (Aserción n°34), "Pero primero, deben pertenecer a una comunidad" (Aserción n°35), a riesgo de que "Si sus culturas terminan antes de que la comunidad comience, ellas se quedarán sin mercados" (Aserción n°37).

Como dijimos al comienzo de este capítulo, sin dudas Internet les ha dado a las comunidades una plataforma para potenciar su vinculación y tener más visibilidad y, como remarca Castells, un poder sin precedentes. No se podría explicar esta vigencia renovada de las comunidades sin aludir a la irrupción de los medios sociales.

---

[34] Los autores son: Fredrick Levine, Christopher Locke, Doc Searls y David Weinberger. Se puede acceder al sitio original de 1999 en: http://www.cluetrain.com/. Al año siguiente se publicó como libro y a los 10 años una edición aniversario: Rick Levine, Chirstopher Locke, Doc Searls y David Weinberger, *The Cluetrain Manifesto* (Basic Books, 2009).

La comunidad de **Café Martínez** no es la excepción. Si bien la presencia oficial de la empresa es bastante reciente (Twiter, diciembre 2009; Facebook, enero 2011), la empresa mantiene una presencia activa en la que se establecen conversaciones interesantes con clientes. La intención de la empresa es que estos medios sirvan para que toda la comunidad Martínez participe, incluyendo empleados, proveedores y franquiciados, además de clientes. La intención de la presencia en medios sociales es explicada por Marcelo Salas Martínez de esta manera, referida en este caso a Facebook:

> Quiero sumar fans dentro de la cadena. Me importa que el "bachero" de Chile sepa que abrimos un local en San Fernando (…) Me interesa conocer sobre la vida de los proveedores, empleados. No importa que [lo interno] sea visible para los clientes. Lo que tratamos es que nos integremos con el cliente. Precisamente me interesa ser transparentes con el cliente y que se borre la frontera de los mostradores. Por eso no me interesa hacer una red social interna y [prefiero] que todo sea visible. Es bueno que el proveedor vea del propio cliente sus comentarios y se lo hagan en la cara[35].

Estas interacciones tienen que ver con distintas cuestiones. En algunos casos permite que los miembros de la comunidad expresen sus sentimientos hacia la marca, en otros se trata de la búsqueda de información, ofrecerse para ocupar un puesto, ofrecerse para vender los productos y desde luego para hacer llegar quejas o manifestaciones de disconformidad. Como dice *The Cluetrain Manifesto*, se debe tener presente que "Se trate de dar información, opiniones, perspectivas, argumentos en contra o comentarios graciosos, la voz humana es típicamente abierta, natural, sincera" (Aserción n°4). Es estas épocas es poco posible para las empresas ocultar la información, "No hay secretos. El mercado en red sabe más que las empresas acerca de sus propios productos. Y ya sea que las noticias sean buenas o malas, ellos se las comunican a todo el

---

[35] Marcelo Salas Martínez, "Living Case".

mundo" (Aserción n°12). En este sentido debe tenerse presente que las comunidades representan un riesgo para las empresas, dado el poder que han logrado como red tecnológicamente potenciada.

Si bien el boca a boca no es un tema nuevo para el marketing, no es casualidad que en esta época este concitando más interés que nunca antes. Como vimos en el Capítulo 3, los estudios sobre boca a boca potenciado por medios sociales muestran resultados sorprendentes, uno de ellos es que la idea de que se trata de ritos propios de adolescentes es falsa. Un estudio que la consultora Proaxion llevó a cabo sobre este aspecto, mostró que si bien cuando se trata de difundir una experiencia positiva los adultos mayores (51-60 años) son minoritarios (8% en Facebook y 12% Twitter), cuando se trata de difundir una experiencia negativa estas proporciones suben fuertemente (30% Facebook y 20% Twitter)[36]. Las empresas que crean que porque no dirigen sus productos o servicios a un público joven están al margen del fenómeno de los medios sociales, están cometiendo un serio error.

También se está cometiendo un error si se cree que por tener presencia en Facebook o Twitter, ya se hizo lo suficiente en relación con la comunidad. La empresa que verdaderamente alienta la creación de una comunidad, antes que nada debe integrarse generosamente al medio que la rodea.

8.6 Comunidad y generosidad

Es oportuno recordar que lo que motivó la investigación que dio origen a este libro partió desde la hipótesis de considerar que el modelo de los nueve impulsores de Leonard Berry es capaz de explicar el éxito de **Café Martínez**. Entre otros aspectos, ese modelo habla "de la enorme importancia de los valores humanos para generar una empresa de servicios

---

[36] La información es parte de un estudio presentado por la consultora PROAXION en el evento internacional WOM Marketing Update 2 "Con el Foco en la Experiencia", realizado en Buenos Aires el 5 de septiembre de 2012.

duradera"[37]. Al aludir a lo "humano", Berry remarca la idea de que una empresa de servicios es una comunidad humana que sirve no solamente a los clientes sino también a las comunidades donde estos viven. Para una empresa de servicios guiada por valores, dirigir acciones hacia la comunidad no es meramente una elección posible, sino que verdaderamente es "una razón de ser". Es importante remarcar que estas ideas fueron explicitadas por el autor en el año 1999, tiempo antes de que las ideas de Responsabilidad Social Empresarial (RSE) cobraran fuerza y de que varias empresas se sintieran casi en la obligación de hacer algo al respecto, en algunos casos más bien guiadas por una intención de mejorar su imagen pública que por un genuino sentido de conciencia social.

En el caso de **Café Martínez** encontramos que desde antes de que la empresa cobrara la magnitud que tiene ahora y que los temas de RSE fueran moneda corriente, se había involucrado socialmente en acciones de beneficio para la comunidad circundante. No fueron iniciativas especulativas, más bien estuvieron impulsadas por los principios que guían a la empresa. Dice Marcelo Salas Martínez al respecto:

> Las acciones que hacemos no son algo que nosotros nos dediquemos a comunicar, ahora están en nuestra página de Internet, pero antes ni siquiera lo mencionábamos en las presentaciones. Luego lo empezamos a hacer porque nos dijeron que podía despertar comportamientos similares [en otros empresarios][38].

Este espíritu generoso que privilegia el interés de la comunidad por sobre el de la empresa también se expresa en palabras de Claudia Salas Martínez al referirse al por qué ellos llevaron a cabo esas iniciativas: "[hicimos] lo mismo con los productos para celíacos. Sentíamos la nece-

---

[37] Leonard Berry, *Cómo Descubrir el Alma del Servicio: Los Nueve Motores del Éxito Empresario Sostenido* (Buenos Aires: Granica, 2000), 41.
[38] Marcelo Salas Martínez, entrevistado por el equipo de investigación, el 23 de septiembre de 2011.

sidad de hacerlo sabiendo que no era negocio y eso fue antes que saliera la ley [de celiaquía], pero no lo hicimos por la ley"[39].

Lo que hizo **Café Martínez** tiene que ver exactamente con lo que Berry denomina Generosidad y es uno de los nueve motores del éxito duradero de las empresas de servicio del modelo al que nos referimos en el Capítulo 1. La Generosidad es mucho más que una donación. Ésta no va más allá que un acto breve, que si bien incluye un esfuerzo económico, no involucra un compromiso sistemático de más largo aliento y menos aún una guía estratégica. En estos términos la generosidad habla de la responsabilidad de largo plazo que no es nada menos que convertir a la comunidad amplia en un lugar mejor. No se trata de iniciativas casuales ni dirigidas en cualquier dirección. Dice Berry:

> Para ser más efectiva, la generosidad debe tener un fin determinado, estar canalizada e integrada en la cultura y la estrategia de una compañía, y también orientarse hacia los resultados (...) En lugar de repartir sus recursos en numerosas iniciativas, [las empresas socialmente responsables] los concentran para tener una repercusión poderosa y marcar una diferencia significativa.[40]

Si bien por naturaleza estas acciones no pueden ser especulativas, no puede dejar de decirse que en el largo plazo la propia empresa se verá beneficiada porque ella misma es parte de una comunidad, especialmente si se trata de una empresa de servicios, en las que el factor humano es clave. Recordemos lo que dijimos en el Capítulo 1: una empresa de servicio está inserta en una comunidad y esa comunidad le provee tanto a sus clientes como a sus recursos humanos ¿Es posible pensar en una empresa de servicio exitosa en un contexto social deteriorado? Por eso la empresa de servicio no puede estar ajena a su entorno y debe invertir

---

[39] Claudia Salas Martínez, entrevistada por el equipo de investigación, el 23 de septiembre de 2011.

[40] Berry, "Cómo Descubrir", 316.

en él. El compromiso social y la distribución de recursos contribuyen a mantener su éxito a largo plazo, además de representar y fortalece a los valores humanos que la definen como una comunidad humana que sirve humanamente a la comunidad donde está inserta.

En línea con esta filosofía, **Café Martínez** tiene una sistemática participación en programas que llevan a cabo tres fundaciones: Forge, Steps y Nordelta.

La Fundación Forge fue creada en Suiza en el año 2005, en 2006 la Fundación constituye su primera representación en Argentina, a fin de iniciar sus actividades en este país para luego expandirlas a otros países de Latinoamérica. Tiene como misión facilitar una inserción laboral de calidad a jóvenes de segmentos sociales necesitados en base a un sistema innovador de formación de empleo. Esta fundación crea un puente para que los jóvenes que están finalizando sus estudios secundarios se capaciten en especialidades de alta demanda y accedan a un primer empleo de calidad. **Café Martínez** fue una de las primeras empresas en incorporarse a la red laboral Forge.

La Fundación Steps trabaja desde 1991 generando oportunidades educativas y laborales para personas con discapacidad intelectual provenientes de distintos barrios de la ciudad y conurbano bonaerense. Esta organización busca lograr una mayor inserción social y laboral de las personas con discapacidad mental, disminuyendo, de esta forma, el grado de exclusión social en la que se encuentran en la actualidad pero sin dejar de atender sus necesidades especiales. La misión de esta fundación es desarrollar e implementar prácticas actuales y creativas que le permitan a la persona con discapacidad potenciar sus capacidades sociales e intelectuales, atendiendo sus necesidades individuales. Promoviendo así, su socialización y participación en todos los ámbitos de su vida. Café Martinez le entrega a Steps la cascarilla que se desprende del café durante el proceso de tostado y con esto se elabora un papel reciclado, que denominan "papel de café" que es elaborado por las personas con discapacidad y que luego **Café Martínez** compra en forma de posavasos que llevan impreso el logo de la empresa y una leyenda alusiva en el reverso.

La Fundación Nordelta pertenece a todos los vecinos del barrio del mismo nombre y su propósito es mejorar la calidad de vida del barrio Las Tunas, cercano en ubicación, pero lejano en cuanto a las realidades socioeconómicas que viven unos y otros. Café Martinez trabaja junto a esta fundación colaborando como sponsor de eventos de recaudación y equipando aulas para el dictado de cursos de inserción laboral y para el apoyo escolar de habitantes de Las Tunas. Al respecto dice Marcelo Salas Martínez:

> Estoy convencido que hay que trabajar en la educación. Hay que llevar educación a todos los barrios donde uno pueda, para que la gente pueda tener un lugar de privilegio en el mundo por su educación. Cuando se habla de pobreza se habla de la pobreza económica, pero para mí la cultural es la peor de todas (…) esa pobreza nos empobrece a todos[41].

Construyeron una marca y con ella trataron de influir en la comunidad de la que son parte ¿Cuál fue el motor que los llevó a hacerlo? Sobre esto trata el próximo capítulo.

---

[41] Marcelo Salas Martínez, entrevista.

Capítulo 9

Emprender a partir de valores

9.1 Valores y principios humanistas

Volvamos al comienzo de este libro y recordemos una vez más que se originó luego de una investigación que procuró validar si el modelo de éxito duradero para empresas de servicio desarrollado por el prof. Leonard Berry podía explicar el éxito de **Café Martínez**. Como vimos en el Capítulo 1, de los nueve impulsores o drivers que identifica Berry en su modelo, hay uno que está en el centro. Dice Berry al respecto: "El [impulsor] central, el liderazgo impulsador por los valores, es la raíz de los otros ocho"[1]. El modelo en su conjunto habla de la enorme importancia de:

[L]os valores humanos para generar una empresa de servicio duradera. Las grandes compañías de servicio forman una comunidad humana (la organización y sus socios) que sirve humanamente a los clientes y a las comunidades donde estos viven[2].

---

[1] Leonard Berry, Cómo Descubrir el Alma del Servicio: *Los Nueve Motores del Éxito Empresario Sostenido,* (Buenos Aires: Granica, 2000), 40.
[2] Ibíd., 41.

No fue casual que hayamos utilizado un modelo con este enfoque para investigar a **Café Martínez**. Desde el conocimiento previo que teníamos de la familia Martínez, nos fue evidente la enorme importancia que ellos le daban a los valores humanos en sus decisiones de negocio. En este sentido son una empresa atípica. No es habitual escuchar en el mundo empresarial afirmaciones como ésta de Mauro Salas Martínez, uno de los socios de la compañía: "Somos una familia que tiene sus principios y que cree en la bondad. Que con la bondad se logran muchas cosas"[3]. Tal vez el porqué de esta forma de ser se encuentre en la propia historia de la familia. No solo los abuelos maternos inmigrantes que se dedicaron al café tuvieron gran influencia sobre sus descendientes, también otros integrantes de la familia dejaron una huella profunda en lo referente a la consolidación de estos principios humanistas.

Cuenta Marcelo Salas Martínez:

> También mi abuelo paterno fue un hombre genial. Trabajó en un compañía de seguros pero también era muy autodidacta, fue el único traductor del "Ulises" de James Joyce del inglés al español y lo hizo casi sin saber inglés, lo aprendió traduciéndolo y nadie más pudo traducir ese libro. Además era pintor, escritor, compraba libros por kilo y leía mucho, era híper instruido (…) Mi padre era un médico psiquiatra y psicoanalista, también; muy emprendedor. Nada que ver con el mundo del café pero de quien yo aprendí sobre todo, principios. Era tan bueno que trasformaba en buenos a quienes lo acompañaban. Además te trasmitía vivencias. Hay anécdotas que me han servido para todo[4].

No es un dato neutro que además de un abuelo paterno intelectualmente

---

[3] Mauro Salas Martínez entrevistado por integrantes del equipo de investigación, el 23 de septiembre de 2011.

[4] Oscar E. Echevarría, Emprendedores: *Comunidad de Tendencias* (Buenos Aires: Universidad de Palermo, 2012), 76.

muy inquieto y un padre médico psiquíatra y psicólogo, la madre María Olga Martínez de Salas sea doctora en psicología y la hermana Claudia sea psicóloga y arquitecta. Resume la idea Marcelo, quien también es psicólogo, diciendo: "Sin duda la educación por el lado humanístico es una constante en la familia y creo que **Café Martínez** tiene, por todo ello, una capacidad de escucha que para mí es clave"[5].

Estos antecedentes han dado lugar a una cultura empresarial muy particular que se plasma en un conjunto de principios que no solo se usan en capacitaciones de franquiciados y personal, sino que además se exhiben en un cuadro de importantes dimensiones en todas las sucursales de la cadena. Dice al respecto el Manual de Cultura Martínez:

> Nuestros principios no son solamente un cuadro colgado de la pared, sino que deben ser actitudes y actos que todos vivamos a diario. Es decir, que estos deben ser aplicados y percibidos en todo ámbito dentro de la empresa, ya sea entre la gerencia de **Café Martínez** y las franquicias, los franquiciados y su personal, la relación con los proveedores y ante todo percibidos por el cliente, ya que los mismos forman parte esencial de ese "Momento Martínez" que queremos lograr[6].

Estos son los principios de **Café Martínez** y sus significados: [7]

La verdad

Nos gusta hablar de frente, mirarnos a los ojos y decirnos las cosas como son. Poder sellar nuestros tratos con un apretón de manos y que sea eso a lo que le damos valor y no a las letras frías en un papel.

---

[5] Oscar E. Echevarría, Emprendedores: *Comunidad de Tendencias* (Buenos Aires: Universidad de Palermo, 2012),77

[6] Información extraída con autorización de Martínez Hnos. del Manual de Cultura Martínez, Módulo: Empresa, de circulación interna.

[7] Ibíd.

La belleza

La verdad dicha sin belleza puede dañar. Las cosas hay que decirlas bien, con el fin de construir. Nos gusta buscar un sentido estético a las cosas que hacemos. Nos gusta la gente bella por dentro.

La bondad

Nos gusta juntarnos con gente buena. Es con el tipo de gente que se puede contar para hacer las cosas bien.

La unidad

El terreno necesario para que las virtudes antes mencionadas se desarrollen correctamente es el espíritu. Todos somos seres espirituales no importa cuál sea nuestra religión, pensamiento o práctica. Cuando logramos crecer espiritualmente nos damos cuenta de que todos los seres estamos unidos por una misma energía, no importa el nombre que le pongamos a la misma. Nos gusta sumarnos a esa energía que ayuda a que las cosas se hagan bien.

El crecimiento

Todo la que hacemos está orientado hacia el crecimiento espiritual, cultural y económico de nuestros clientes, proveedores, franquiciados y equipos de trabajo.

La excelencia

Será el resultado de aplicar todos nuestros principios anteriores a nuestro trabajo. La excelencia es un horizonte al que debemos aspirar llegar todos los días.

Además de usarlos como guía interna para toda la organización, estos principios están expuestos en un cuadro de grandes proporciones en todos los locales de la cadena. Es manifiesta la intención de que este mensaje llegue al cliente y permita conectar emocionalmente con él, o ella. Y varias veces lo logran. Una clienta mendocina, lo refleja así en su blog:

> El otro día disfruté un exquisito desayuno con mi papá en **Café Martínez** de la ciudad de Mendoza y mientras leíamos el diario y charlábamos, me di cuenta de que había un cuadro muy grande colgado en la pared. Cuando me acerqué note que era la misión, los principios y la visión de la cafetería porteña y estaba a libre lectura de todos los clientes. Me pareció fantástico que la marca decidiera compartir y comunicar esto, es lo que todas las empresas deberían hacer! Aparte refuerzan el slogan de la marca 'Sentí el sabor de formar parte...', ¡Felicitaciones a **Café Martínez**![8]

Otra clienta lo deja reflejado en la *fanpage* de **Café Martínez** en Facebook:

> Hola amigos! Estuve la semana pasada en la sucursal del Shopping San Justo. Me encantó la atención, el sitio y el delicioso café, por supuesto. Estaba leyendo su trayectoria en el cartel expuesto y, como me gusta escribir, copié algunas frases que me parecieron hermosas. Encantada y gracias! Ya encontré mi rinconcito en San Justo...[9]

Es notable cómo estos comentarios muestran el enorme poder que tienen los mensajes cuando transmiten valores genuinos. No solo sirven como guía de acción para los integrantes de una organización sino que también permiten conectarse emocionalmente con los clientes. Es oportuno recordar lo que vimos en el Capítulo 2 referido a cómo **Café Martínez** construyó su

---

[8] Melisa Piccinetti Le Donne, "Café Martínez Comparte su Misión, Visión y Valores con los Clientes," Mi Maridaje Blog, Agosto, 2012, consultado el 7 de agosto de 2013, http://mimaridaje.blogspot.com.ar/2012/08/cafe-martinez-comparte-su-mision-vision.html ()
[9] Alicia Rodríguez, comentario en Facebook de Café Martínez, 30 de mayo de 2013.

marca. Sólo como recordatorio de aquello es oportuna esta cita de Berry:

> Las marcas que se conectan con las emociones de los clientes son aquellas que reflejan los valores principales del cliente. En verdad, la marca captura y comunica valores que los clientes aprecian. Los valores corporativos no pueden ser falseados en marcas de servicios. Los valores verdaderos de la compañía emergen a través de la experiencia real del cliente con el servicio. Las comunicaciones de marketing no pueden establecer valores inexistentes[10].

Dice Berry "El tesoro de una empresa son sus valores"[11]. En el caso de **Café Martínez** sirvieron de guía junto a otras fuentes de inspiración.

9.2 Inspiración para emprender

Los investigadores sobre emprendimiento o "emprendedorismo" hablan de la importancia de la existencia de modelos cercanos a imitar, para que un individuo acometa el desafío de poner en marcha hacia la aventura de emprender. Si se tiene un pariente cercano que es o ha sido emprendedor, las probabilidades de que se sea un emprendedor son más altas[12].

Cuenta Marcelo Salas Martínez:

> Tuve la enorme suerte de haber nacido en una familia de emprendedores, donde el ser un emprendedor, una persona activa, era muy valorado. Gran ejemplo fueron mis abuelos maternos, fundadores de la compañía que desde nada y con muy escasos recursos, crearon los cimientos de **Café Martínez**[13].

---

[10] Leonard Berry, "Cultivating Service Brand Equity," *Academy of Marketing Science Journal,* Vol. 28 No.1 (Invierno 2000), 134.

[11] Berry, *Cómo Descubrir,* 45.

[12] William Bygrave y Andrew Zacharakis, *Entrepreneurship,* 2da. Ed. (John Wiley & Sons Inc., 2011), 53.

[13] Echevarría, *Emprendedores,* 76.

Esa influencia fue sin dudas decisiva en Marcelo, el integrante de la tercera generación Martínez que impulsó el gran cambio de la firma. Pero no sólo hace falta un modelo a seguir para arrancar, es fundamental también contar con guías para saber qué rumbo tomar en los momentos difíciles.

Dice Andy Freire, un exitoso emprendedor argentino:

¿Te imaginás lograr el éxito sin que alguien te sirva como fuente de inspiración o apoyo en los momentos críticos? Sorprendentemente, la bibliografía académica no suele referirse a este tema, como si no tuviese relevancia a la hora de emprender. Mi visión es muy distinta (…). [A muchas personas] les debo una gran parte de mi formación profesional emprendedora y sin ellas no hubiera podido hacer ni la centésima parte de lo que hice en todo este tiempo[14].

Lo que se puede agregar a lo anterior es que dichas inspiraciones no tienen que ser necesariamente personas vivas con las que intercambiamos nuestras angustias, dudas e incertidumbres. Justamente en el caso de Marcelo, los modelos a imitar fueron familiares y recurrió a ellos a pesar de que ya habían desaparecido físicamente. Por un lado sus abuelos inmigrantes, que lo inspiraron como modelos de emprendedores.

Cuenta Marcelo:

[Mis abuelos] como muchos otros inmigrantes y tal como dice la célebre frase, "llegaron con una mano atrás y otra adelante" o sea sin nada. Muchas veces cuando me invitan a dar charlas y soy invitado como "ejemplo de emprendedor" me da cierto pudor que se me considere tal habiendo tenido este ejemplo en la familia. Pensar que mi abuelo cuando llegó a la Argentina tendría unos 25 años, se había subido a un

---

[14] Andy Freire, *Pasión por Emprender: de la Idea a la Cruda Realidad* (Buenos Aires: Aguilar, 2004), 191.

barco sin tener una gran idea de hacia dónde iba ni tampoco cómo iba a hacer para salir adelante. Habían visto una foto de Buenos Aires y nada más, desde ya que no era una foto digital de varios mega *pixels*. Mi abuela estaba embarazada, tenía apenas 13 o 15 años. No había teléfono, ni TV, ni nada para saber a dónde iban, se viajaba en barcos que tardaban meses en llegar. (…) En fin, ellos sí eran emprendedores[15].

Si la inspiración de emprender se la dieron a Marcelo sus abuelos, su padre médico psiquíatra, desaparecido tempranamente, tuvo múltiples influencias posteriores. Conversaciones que tuvo con él en su juventud quedaron como claves en su memoria y a las que recurrió en el momento apropiado. Esta historia a la que Marcelo se refiere frecuentemente, es un ejemplo:

Mi familia tenía una quinta en Escobar y allí la terapia de mi padre era ocuparse de las plantas. Al regar las plantas, el agua iba por un surco perimetral y mi padre iba barriendo las hojas que no permitían que el agua fluyera y llegase a todas ellas. Yo siempre lo acompañaba en esa tarea porque aprovechábamos a charlar. Era mi momento con mi viejo que yo disfrutaba muchísimo. Un día me dice: 'Lo que hago yo acá es lo mismo que hago en el consultorio, cuando la libido se estanca produce una histeria o una neurosis obsesiva… y lo que hago es barrer las basuritas para que la libido circule naturalmente'. Eso me sirvió muchísimo porque eso es lo que yo he hecho la mayor parte de tiempo en la compañía: ver posibilidades de negocios a las que no le estaba llegando energía y estaban ahí en ciernes y he tratado de eliminar aquellas cosas que no permitían que se desarrollasen. Para mí los negocios están ahí, son energías… y uno tiene que ver por qué están trabadas[16].

---

[15] Marcelo Salas Martínez, "El Amor Como Inicio," Historias de un Emprendedor del Café, 20 de septiembre de 2010, consultado el 29 de junio de 2013, http://marcelosalasmartinez.blogspot.com.ar/

[16] Marcelo Salas Martínez, "Living Case" (presentación, Facultad de Ciencias de la Administración de la Universidad del Salvador, 3 de noviembre de 2011).

Es notable cómo un emprendedor busca aprender de distintos hechos que le suceden en la vida, incluso no directamente vinculados con su emprendimiento, como cuenta Marcelo en el siguiente texto:

> Tengo gen emprendedor porque le pongo vida, pasión y amor a lo que hago. Siendo chico, tuve una experiencia muy cercana a la muerte junto a personas muy queridas. Concretamente vi morir a mi abuela paterna junto a mi padre. Me llamó tan profundamente la atención la quietud y la ausencia en la muerte que me hizo prometerme a mí mismo abrazar la vida, la inquietud, la pasión y todo lo que signifique movimiento. Me parece que es una manera de honrar la vida[17].

Tal vez por la influencia del modelo familiar, Marcelo se identifica con un estilo de emprendedor que alcanzó sus logros en base al esfuerzo:

> Los emprendedores deben poder modificarse a sí mismos, a su entorno, transformar, crear, sintetizar. Eso requiere de un enorme ejercicio mental y muscular. Hay personas muy inteligentes que logran todo eso sin moverse demasiado. Ese no es mi caso porque me tuve que mover un montón y transpirar la camiseta[18].

Para los que deseen ser emprendedores, estas palabras de Marcelo pueden ser inspiradoras, además de ser autobiográficas:

> Me parece que si queremos llegar a definir la actitud del emprendedor, además de estar vivo y predispuesto a hacer cosas nuevas, hay que saber sostener lo que se quiere más allá de las adversidades, no rendirse y no necesitar tanta supervisión, como sí verdadera conexión con uno mismo[19].

---

[17] Echevarría, *Emprendedores*, 75.
[18] Ibíd.
[19] Ibíd.

Sin embargo, sólo con voluntad emprendedora no es suficiente. El emprendedor deberá aportar valor haciendo algo distinto, novedoso.

9.3 Innovar

Difícilmente el éxito emprendedor llegue haciendo más de lo mismo. El emprendedor que siga una estrategia de imitación no podrá aspirar a mucho más que a una subsistencia mediocre. Emprender requiere un espíritu batallador pero al mismo tiempo contar con una idea que sea diferente a lo ya conocido. Esto no quiere decir que sea algo totalmente nuevo. Es oportuno aclarar que un emprendedor no tiene que ser un inventor, de hecho raramente un emprendedor sea un inventor. Inventar es crear algo totalmente nuevo, sin precedentes. Lo que sí debe ser un emprendedor es ser un innovador, es decir alguien que encuentra una combinación original a elementos o factores ya conocidos.

Cuenta Freire sobre la originalidad de su exitoso emprendimiento:

> Cuando empezamos Officenet, en el mercado argentino había más de diez empresas que vendían productos por catálogo. Hoy, cuando nos dicen "Ustedes inventaron la venta por catálogo en la Argentina", no puedo menos que contestar: "Había varios vendiendo por catálogo; lo que nosotros hicimos fue crear la primera empresa exitosa que logró escala en este tipo de venta" que no es lo mismo[20].

Dicho de otro modo, encontraron un formato que les permitió lograr una escala que hizo al emprendimiento exitoso. Está muy claro que el caso de **Café Martínez** fue similar. Desde luego que no inventaron el café, ni siquiera la cafetería. Lo que crearon fue un nuevo concepto de negocio de especialidad que ofrecía una experiencia de consumo distinta a las de los bares, confiterías, pizza-cafés y otros negocios gastronómicos que tenían al café como un producto más y sin ningún matiz ni variedad, ya sea en la

---

[20] Freire, *Pasión*, 46.

materia prima, como en la forma de preparación. Esa fue la innovación: encontrar una combinación original de elementos existentes. Dice Marcelo:

> Para mí la innovación es hacer consciente lo inconsciente. Aquel que se crea un creador, sepa que no es creador de nada. Yo soy bueno sintetizando necesidades que están ahí dando vueltas, pero no me creo un creador. Eso [que hago] es innovar.[21]

Sin dudas que hay un tiempo y un lugar para que esa combinación novedosa pueda ser exitosa y eso tiene que ver con la capacidad de percepción que el emprendedor posee respecto de la posibilidad de que su aporte genere valor genuino para el cliente.

A lo largo de este libro fuimos viendo cómo ese nuevo concepto de **Café Martínez** ganó la aceptación de un público que comenzó siendo limitado socioeconómicamente hablando y llegó a ser significativo numéricamente y ampliamente distribuido geográficamente. Ese "olfato" o intuición es otra virtud con la que tiene que contar el emprendedor, porque sería falso afirmar que todos los emprendedores exitosos lo fueron luego de contratar concienzudos estudios de mercado que ratificaran o no sus presentimientos. No decimos que no sea bueno que lo hagan, sino que normalmente el emprendedor, especialmente si es pequeño, en los inicios se mueve en un terreno de enormes restricciones de recursos, lo que lo lleva a extremar su capacidad personal de captación y elaboración de las oportunidades latentes que el mercado ofrece.

Tampoco creamos que la idea, por más original que sea, asegura el éxito. Dicen Bygrave y Zacharakis: "[L]a idea en sí no es lo importante. En el mundo emprendedor, ideas hay en realidad por todos lados. Desarrollar la idea, implementarla y construir un negocio exitoso son las cosas importantes"[22].

---

[21] Salas Martínez, "Living Case".
[22] Bygrave y Zacharakis, *Entrepreneurship*, 58.

Una vez que tuvo el germen de la idea en la cabeza, Marcelo trató de ver cómo la podía convertir en algo que se pudiera implementar. Para ello se fue a Estados Unidos. "Elegí Estados Unidos porque es un país que hace una excelente síntesis de los conceptos gastronómicos y de toda índole. Saben sintetizar muy bien las marcas"[23]. Así fue que a principios de los noventa se fue de viaje por la costa este de Estados Unidos, cuando aún Starbucks no había llegado a esta región y se inspiró de una pequeña cadena de cafeterías de Washington DC, denominada Brothers Café, de donde tomó la imagen gourmet que tendría el primer **Café Martínez**. También viajó a Brasil para aprender sobre degustación del producto.

Sintetizó sus ideas con la formación e información recibida en esos viajes y pudo desarrollar el nuevo concepto que luego puso en marcha con su familia. No obstante, esto no significó que lo que había implementado no necesitara de ajustes a lo largo del tiempo. En los primeros tiempos especialmente, trató de indagar en profundidad sobre los deseos de las personas que empezaban a concurrir a la cafetería. Buscó ese *feedback* de distintas maneras. Una forma curiosa que encontró fue una tarjeta díptico con forma de botella que puso en cada mesa con el título "Mensaje en una botella" y un pasaje de la letra de la famosa canción homónima de Sting. Tenía un texto que alentaba a que la gente dejara escrito en su interior lo que quisiera expresar y luego lo depositara en una urna. Probablemente ser psicólogo ayudó a Marcelo a detectar lo subyacente en esos mensajes. Él lo cuenta así:

Me los leía todos. La intención era ver qué necesidades había detrás de las cosas que escribía la gente, había cosas que ni los que escribían sabían que necesitaban. Lo que escribían lo poníamos en una revista, en una época donde no existía Facebook. Yo quería saber qué necesidades había por parte de los clientes[24].

---

[23] Salas Martínez, "Living Case".
[24] Ibíd.

Esta simple anécdota ilustra que el emprendedor debe ser una persona en constante búsqueda, dado que la idea inspirada del comienzo no es suficiente. No es solo la idea y luego a esperar los resultados. La implementación requiere múltiples ajustes bajo una lógica de prueba y error.

Pero lo más importante es que a partir de allí el emprendedor dejará de ser un "lobo solitario" y se deberá convertir en el conductor de un equipo porque necesitará de otros para que su sueño se convierta en realidad. Para eso se tendrá que poner al frente y liderar.

9.4 Liderar con el ejemplo

Liderar no es arengar y menos aún en el caso de un nuevo emprendimiento. Liderar es inspirar a otros para que tengan el mismo entusiasmo que el emprendedor en la nueva aventura. Pero esa inspiración no resultará si lo que se dice no se corresponde con lo que se hace. El emprendedor lidera con el ejemplo.

Dice Freire:

> Como líder de un proyecto, el emprendedor debe ser el primero en asumir la responsabilidad por las cosas que salen mal. Ser un gran piloto de tormentas, que el proceso emprendedor las tiene siempre, y saber encararlas. La gente tiene que sentir que uno es el primero en arremangarse la camisa y poner manos a la obra frente a las crisis.[25]

Liderar no solo es ponerse adelante y señalar la dirección, sino dar el ejemplo sobre cómo se deben hacer las cosas.

En el caso de **Café Martínez** es claro que esto es así. De todos los integrantes de la familia, no hay dudas de que Marcelo Salas Martínez fue el que se puso con mayor ahínco a conducir este proceso de transformar

---

[25] Freire, *Pasión*, 177.

la vieja empresa familiar de venta mayorista de café en una pujante cadena de cafeterías y como consecuencia, convertir a **Café Martínez** en una valiosa marca con amplio reconocimiento. Sin embargo, Marcelo no necesitó de ser designado presidente o gerente general o director, ni contar con secretaria, ni con grandes despachos. Siguió siendo otro de los socios gerentes de Martínez Hermanos S.R.L. y compartiendo las decisiones clave con su familia, que incluye a sus hermanos y a su madre.

Cuenta Marcelo:

> Yo fui un poco el disparador de todo este proceso de cambio en la compañía, pero siempre me hice cargo de los cambios. Por ejemplo, cuando dije, vamos a poner medialunas, me levantaba a las 4:30 de la mañana, las horneaba yo y las vendía yo. [26]

Debe aclararse que dar el ejemplo no se refiere simplemente a aspectos operativos sobre cómo se deben hacer las tareas, sino que tiene que ver con cuestiones más profundas. Además de orientar e inspirar a su equipo predicando con el ejemplo, el emprendedor devenido ahora en líder, debe ser coherente con los valores que pretende inculcar en su nueva organización. En su modelo de los nueve impulsores, cuando Berry habla del impulsor central "Liderazgo impulsado por valores", se refiere precisamente a conducir a través de los valores, valores que empiezan más por los hechos que por las palabras. De esta manera los líderes no sólo se convierten en referentes sobre cómo se deben hacer las tareas, sino que se transforman en modelos más integrales de conducta a imitar. Esto tiene un impacto muy directo en la solidez del equipo que se arme. Dice Berry: "Cuanto mayor sea la coincidencia entre los valores de los directivos superiores y los de los empleados, más fuerte será la influencia orientadora y motivadora de los valores de una organización"[27]. Esta afirmación lleva a poner suma atención en el proceso de búsqueda y

---

[26] Salas Martínez, "Living Case".
[27] Berry, *Cómo Descubrir,* 46.

selección de personal. Bajo esta perspectiva, es preferible un postulante al que le falte preparación pero tenga valores coincidentes con los que la organización pretende impulsar a otro que pueda estar técnicamente más dotado pero que sea indiferente o peor aún, antagónico a los valores bajo los cuales la compañía pretende fundarse.

Uno de los componentes del liderazgo impulsado por valores del modelo de Berry es el respeto. Dice el autor: "El respeto es otro valor fundamental en todas las firmas estudiadas. Respeto por el cliente, por el empleado, por los proveedores y otros socios empresarios. Respeto por la comunidad"[28]. A lo largo de nuestro estudio de **Café Martínez**, fueron repetidas las alusiones a la palabra respeto por parte de distintos actores. Lo expresan así dos franquiciados:

> Fui una de las primeras franquicias, en la época en la que la relación [con los dueños] era uno a uno, hoy [por el crecimiento] es más distante pero tan buena como antes ya que se sigue manteniendo el respecto con los caracteriza. Creo que [la relación] se fortalece porque como te dije antes, siempre está presente el respeto en todo, tanto en lo personal como en lo comercial[29].

Desde lo comercial siempre hubo mucho respeto. La base del crecimiento de ellos es el respeto a todo[30].

También la palabra respeto aparece en boca de los propios clientes: "Hay mucho respeto al cliente"[31]. "Vos venís y te sentís respetado, te sentís atendido, tanto por el servicio como por la calidad de lo que te brindan"[32]

---

[28] Berry, *Cómo Descubrir*, 58

[29] Franquiciado #1, entrevistado por Matías Vannelli, 27 de marzo de 2012.

[30] Franquiciado #2, entrevistado por Matías Vannelli, 27 de marzo de 2012.

[31] Entrevista en profundidad en sucursal Cabildo 2733 (Cap.Fed.) de Café Martínez a cliente de género femenino, rango etario: entre 20 y 30 años entrevistado por Macarena Flores, 22 de junio de 2012.

[32] Entrevista en profundidad en sucursal Vte. López (Cap.Fed.) de Café Martínez a cliente de

En general fueron múltiples las referencias a los valores con los que se manejan los que conducen la compañía. Dice un franquiciado: "La calidad humana por parte de ellos es muy buena, es buena gente, se nota que es gente de bien"[33]. La directora de una fundación con la que contribuye **Café Martínez**, resume muy bien el tipo de liderazgo que se ejerce en la compañía:

> Dejo mi expreso agradecimiento a Marcelo Salas Martínez quien se brindó al proyecto con generosidad, humildad y ese entusiasmo tan característico de quien no sólo es UDLD (Uno De Los Dueños, como él dice), sino fundamentalmente un líder nato y una excelente persona[34].

La cita anterior habla de entusiasmo. Esa es otra de las características de la cultura de **Café Martínez**.

9.5 Empujar la rueda con entusiasmo

En uno de los primeros encuentros con el equipo de investigación, Marcelo Salas Martínez nos dijo que veía fielmente reflejada a su emprendimiento en dos pasajes del libro "Empresas que sobresalen" *(Good to Great)* de Collins: uno ya fue tratado en el Capítulo 1 de este libro y está relacionado con el "Concepto del erizo" que tiene que ver con ser competitivo a través de un concepto simple[35]. El otro pasaje del libro en el que veía reflejada a su empresa era el que aludía a la metáfora de un enorme disco que hay que hacer girar.

Cuenta Collins que una persona para hacer girar una rueda-volante metálica de enormes proporciones, debe hacer un gran esfuerzo y como resultado ve que sólo se mueve casi imperceptiblemente. La persona

género femenino, mayor de 46 años, entrevistado por Ignacio Monti, 12 de agosto de 2012.

[33] Franquiciado #4, entrevistado por Matías Vannelli, 8 de diciembre de 2011.

[34] Patricia Pérez, Directora de Foundation Forge Argentina, http://www. cafemartinez. com/archives/rse/32#more-32 (consultado el 17 de julio de 2013).

[35] Jim Collins, Empresas que Sobresalen *(Good to Great): Por Qué Unas Sí Pueden Mejorar la Rentabilidad y Otras No* (Gestión , 2000, 2006).

se mantiene en la tarea de seguir empujando y luego de un esfuerzo persistente de varias horas, logra que la rueda haga un giro completo. Se mantiene empujando por más tiempo y la rueda comienza a aumentar su velocidad y dar más vueltas, e inclusive sigue dando vueltas sin que la tenga que empujar. Concluye Collins que no se puede atribuir el giro a un empujón en particular, sino que es el efecto acumulativo de todos ellos. Para Collins, pasar de ser una buena empresa a una extraordinaria, es el resultado de una secuencia de pequeñas acciones y decisiones que se suman y potencian para conducir a resultados descollantes.

Marcelo se apropia de esta metáfora para explicar lo que pasó en el caso de **Café Martínez,** pero a diferencia del relato de Collins que habla del esfuerzo individual, él prefiere parafrasearla desde una perspectiva de esfuerzo colectivo. Así la cuenta:

> Al principio fue alguien apasionado que comenzó empujando la rueda, y luego se le acercaron otras personas que le dijeron 'me gusta lo que estás haciendo, me sumo', y entonces fueron varias las manos que fueron empujando. Es así, vos hacés algo que te apasiona, [y] se te va sumando gente que se apasiona con lo mismo. Generalmente hay coincidencias con esa gente que se suma respecto a la concepción de cómo vivir y comprender la realidad y vas armando un equipo de gente. Lo bueno es que la gente que nos acompañó se entusiasmó con el viaje, más que con el destino[36].

El relato es revelador de varios rasgos salientes que hemos detectado en el estilo de Marcelo como emprendedor. Individualicémoslos:

Apasionamiento para vencer la inercia

Es necesario el apasionamiento del emprendedor con su sueño porque tiene por delante una tarea que le exigirá un gran esfuerzo energético y que presentará obstáculos que por momentos parecerán imposibles de mover.

---

[36] Salas Martínez, "Living Case".

La pasión apasiona

La pasión del emprendedor apasiona a otros que se le acercarán por compartir su objetivo pero también por simpatía con su esfuerzo.

La tarea es colectiva

El emprendedor debe armar un equipo y en términos más amplios una comunidad. Es entonces cuando la tarea inicial cobra sentido porque sus beneficios se propagan.

Valores compartidos

No es una acumulación de gente. Los que se unen al emprendimiento lo hacen porque comparten valores y un mismo sentido de la vida, más allá de objetivos menores que se lograrán por añadidura y no al revés.

El viaje más que el destino

Este es tal vez el rasgo más marcado en Marcelo. Varias veces nos dijo frases como ésta: "Disfruté muchísimo de cada etapa de lo que íbamos haciendo"[37]. Tiene que ver con la idea de emprender por emprender, más que por los beneficios resultantes de hacerlo. Freire lo identifica como una de las condiciones determinantes detrás del emprendedor y lo llama "disfrute del camino". "Los grandes emprendedores encuentran un curioso equilibrio entre la dureza de sortear obstáculos y el placer y el humor de disfrutar cada paso que dan día a día"[38].

Lo dice Marcelo con sus propias palabras dirigidas a otros que deseen emprender: "Es clave disfrutar del viaje, no hay grandes saltos y no tiene sentido pensar demasiado en la meta. Sueñen, imaginen cada detalle y sostengan"[39].

En el epílogo del libro trataremos de identificar los desafíos del tramo del viaje que viene por delante.

---

[37] Salas Martínez, "Living Case".

[38] Freire, *Pasión*, 31.

[39] Echevarría, *Emprendedores*, 77.

Epílogo

Desafíos para ser un éxito duradero

El "todo fluye"

Platón le atribuye a Heráclito haber afirmado que "el todo fluye". La famosa metáfora del río que fluye permanentemente y hace que nadie pueda bañarse dos veces en las mismas aguas ilustra que "nada es definitivamente estable ya que está penetrado por el ser y el dejar de ser, al mismo tiempo"[1]. En términos más ligados a los negocios diríamos que lo único constante es el cambio, y en razón de esto ningún estado alcanzado es permanente.

Pocos días antes de escribirse este epílogo, **Café Martínez** acaba de abrir una sucursal en Dubai, Emiratos Árabes Unidos, que se suma a las que la firma tiene en Argentina, Uruguay, Chile, Paraguay y España. La marca planea durante 2013 seguir con su extraordinario crecimiento en sucursales. Es indudable que la evolución de la empresa entre 1994 y la fecha en que se publica este libro es una historia de éxito.

---

[1] Amado E. Osorio Valencia, *Introducción a la Filosofía Presocrática: Los Orígenes de la Metafísica, de la Dialéctica y del Nihilismo Absoluto en Grecia* (Universidad de Caldas, 2002), 336.

El camino recorrido deja un balance netamente positivo y varias lecciones dignas de ser imitadas por otros con deseos de emprender. Un conjunto reducido de personas con una estrategia simple, enfocada y poniendo mucha pasión, lograron crear sin grandes recursos económicos una marca altamente valorada por muchos clientes en los países donde tiene presencia. Sin embargo el éxito de hoy no asegura el de mañana. Dicen los especialistas en marcas de servicio McDonald, de Chermetony y Harris: "Una marca exitosa, como otros activos, se depreciará sin inversiones adicionales"[2].

El camino por recorrer no es una mera extrapolación del ya recorrido. Para Berry son concretamente tres los desafíos para mantener el éxito alcanzado por una empresa de servicios: "operar con eficacia al tiempo que se crece rápidamente; operar con eficacia mientras se compite en el precio; [y] conservar el espíritu empresarial inicial de la compañía más joven y pequeña"[3]. En nuestro criterio, superar esos desafíos tiene que ver con resolver tres tensiones que el devenir del tiempo le va presentado a la empresa: tensiones provocadas por el propio crecimiento de la compañía, tensiones generadas por inconsistencias de la promesa de marca y tensiones exógenas originadas en el mercado por competidores y clientes. Analicemos cada una de ellas.

Tensiones del crecimiento

La Figura 1.1, del Capítulo 1 que muestra la evolución de la cantidad de sucursales de **Café Martínez** en el período 1995-2012 es una evidencia de su éxito. Nuevas aperturas hacen más visible a la marca. Más y más clientes experimentan el servicio, los cuales por efecto de la lealtad y el boca a boca realimentan a su vez el crecimiento de la empresa, generándose un ciclo vir-

---

[2] Malcolm HB McDonald, Leslie de Chernatony y Fiona Harris, "Corporate Marketing and Service Brands - Moving Beyond the Fast-moving Consumer Goods Model", *European Journal of Marketing* Vol. 35 N° 3/4 (2001): 338.

[3] Leonard Berry, *Cómo Descubrir el Alma del Servicio: Los Nueve Motores del Éxito Empresario Sostenido,* (Buenos Aires: Granica, 2000), 30.

tuoso: su éxito genera más crecimiento en sucursales. Sin embargo, hay un punto en el que esta dinámica puede comenzar a generar el efecto contrario, llamamos a esto la trampa del éxito y tiene que ver con un proceso que en sí mismo es virtuoso como el crecimiento de la firma, pero que degenera en consecuencias negativas si escapa de control, especialmente en empresas que, como **Café Martínez**, llevan a cabo un servicio con alta participación del factor humano y en las que éste uno de los factores clave de su éxito.

Cada organización de servicios tiene una cierta capacidad de manejar nuevas aperturas de locales y contrataciones de personal. Esto requiere una estructura que pueda manejar tal crecimiento sin que se resienta lo que la hizo exitosa. El desafío de crecer radica en preservar al mismo tiempo la esencia de la prestación, aquello que diferencia a la marca y la hizo exitosa.

Un crecimiento demasiado veloz genera tensiones en las comunicaciones internas, la cultura de la empresa y la capacidad para entregar un servicio consistente. Consideremos que hay un tiempo imposible de abreviar para lograr transmitir en el terreno cómo se deben hacer las cosas más relacionado con los valores que con la capacitación en habilidades. Los modelos a imitar de los líderes, necesitan tiempo para ser imitados y las habilidades necesitan tiempo para ser perfeccionadas a lo largo de una curva de experiencia.

El hecho de que **Café Martínez** haya optado por un modelo de franquicia para su expansión agrega complejidad al escenario porque no se trata solamente de incorporar personal para llevar a cabo los procesos del servicio en nuevas sucursales, sino que además implicará seleccionar a aquellos que emprenderán una actividad bajo la identidad de la marca, es decir a los franquiciados.

Para que el crecimiento no vaya en detrimento de la creación de valor, no solo se requerirá capacidad de liderazgo de los que conducen, sino también nuevas capacidades de organización y control de la operación.

Tensiones de la promesa

Otra consecuencia del éxito de **Café Martínez** es que, como toda marca reconocida por atributos ligados a la calidad, ha generado una promesa implícita sobre el nivel de servicio que puede esperar un cliente. Recordando lo que vimos en el Capítulo 4, dado que el estado de satisfacción depende del nivel de expectativas previas, diremos que cuanto más altas éstas, más difícil de alcanzar aquella. El éxito plantea aquí también una nueva tensión y tiene que ver con el nivel de tolerancia que los clientes tendrán ante fallas o deficiencias del servicio. Además, como en servicios la calidad del "producto" (servicio) depende en gran medida de la calidad del desempeño de los que lo proveen, si la dinámica del crecimiento descripta en el punto anterior afecta los recursos humanos, por carácter transitivo se verá afectado el desempeño y consecuentemente la satisfacción del cliente y la confianza hacia la marca. Recordemos que el principal activo de una empresa de servicio es la confianza, porque una empresa de servicios vende promesas. A diferencia de los productos físicos que se producen antes de lo que se consumen, los servicios se producen y se "consumen" en el mismo momento, por lo que nadie puede evaluar un servicio antes de probarlo y para hacerlo el cliente tendrá que tener confianza en la marca. La generación de confianza se gana día a día en la ejecución del servicio. Una mala ejecución podrá socavar la mejor marca, de allí que al igual que en el punto anterior, la capacidad de la empresa para asegurar el cumplimiento de las promesas implícitas o explícitas de la marca en el momento de prestación del servicio, será vital para seguir compitiendo con éxito.

Tensiones del mercado

Otra tensión que se generará como consecuencia del éxito es la entrada de nuevos competidores. **Café Martínez** fue precursora en Argentina y otros países de Sudamérica en el concepto de negocio de especialidad para el consumo de café servido en mesas. Su éxito concitó la atención de otras empresas que, provenientes de distintos orígenes, procuraron entrar en esa categoría de servicio. La suerte de estos "nuevos entrantes" es diversa, pero sin duda resulta en un escenario competitivo más agresivo con directo resultado en la rentabilidad del negocio. La estrategia de imitación de algunos nuevos competidores hace que éstos usen al precio como única herramienta de marketing. La facilidad del camino de elegir competir por precio respecto al más trabajoso de competir por diferenciación, hace que algunos competidores opten por la primera de las alternativas. El desafío aquí será evolucionar creando nuevas diferenciaciones que respondan a su vez a los cambios en los gustos de los consumidores, especialmente las nuevas generaciones. La tarea tiene dos componentes, en primera instancia prestar mucha atención a los deseos y necesidades de los clientes, volviendo a enviar "mensajes en la botella" para que ellos los respondan y por otro lado, seguir trabajando en innovación, porque en algunos casos ni los propios clientes saben si quieren algo que todavía no pueden evaluar, porque no lo conocen.

Es aquí donde los verdaderos creadores hacen su aporte sustancial. Uno de ellos, Marcelo Salas Martínez lo dice así: "Todo pasa y también todo llega. Los seres humanos cuando descubrimos nuestra esencia, podemos trasmitírsela a nuestras creaciones. Tenemos ese mágico don de poder materializar los sueños"[4].

---

[4] Oscar E. Echevarría, *Emprendedores: Comunidad de Tendencias* (Buenos Aires: Universidad de Palermo, 2012), 77.

Anexo: Equipo de investigación

Quiero agradecer especialmente a todos y cada uno de los integrantes del equipo de investigación de la Facultad de Ciencias de la Administración de la Universidad del Salvador que de una u otra manera participaron en este proyecto.

A las autoridades de la Facultad, quienes alentaron la realización de este proyecto de investigación: al Decano saliente, Ing. Aquilino López Diez con quien iniciamos el trabajo y al entrante, Lic. Héctor Dama, con quien lo concluimos. Al profesor Héctor Arostegui quien condujo al equipo de alumnos de la Licenciatura en Comercialización que participaron en la etapa cuantitativa y quien también tuvo a su cargo el posterior procesamiento de la información. A la profesora Verónica Autorino quien aportó su orientación en la realización de las entrevistas en profundidad. A los profesores Ricardo Volpara y Soledad Valinoti que colaboraron en la coordinación y realización de entrevistas.

A los alumnos de la Especialización en Marketing y de la Maestría en Dirección de Negocios con orientación en Marketing quienes desarrollaron sus respectivas tesis y trabajos finales en el marco de este proyecto:

Antognazza, María Belén
Monti, Ignacio
Rosso, Gisela
Toranzos Urquiza, Gabriela María
Vannelli, Matías
Yomayusa, Nidia

A los alumnos que realizaron las entrevistas en profundidad a clientes de **Café Martínez**; del posgrado en Marketing: Ana María Eberle y Mauricio Bogotá; de la licenciatura en Comercialización:

Flores, Macarena
Oddo, Daniel
Ramos, Alfonsina
Torqui, Raúl
Varzan, Guillermina

A los alumnos de la Licenciatura en Comercialización, tanto de la sede Centro como Pilar, que participaron en la realización de las encuestas:

Aragone, Nazarena
Arostegui, María Belén
Barboni, Federico
Benítez, Cecilia
Caero, Pablo
Caimmi, Agustín
Calviño, Micaela
Calviño, Tatiana
Calvo, Lara
Campos, Agustín
Casais, Catalina
Centineo, Tomás
Cian, María

Conti, Sergio
Coronel, Giselle
Crisafulli, Andres
Damiani, Nicolás
Docampo, Ma de las Mercedes
Dotras, Manuel
Epifanía, María Belen
Fernández, Nelson
Ferrari, Mariana
Ferreyra, Aon Camila
Figini, Nuria
Frutos, Federico
Galiotti, Agustín
Gerhardinger, Estefanía
Giorgi, Florencia
Giqueax, Sebastian
Issel, Walter
Lemoine, Daniela
Luca, Alejandro
Magan, Julieta
Manso, Noelia
Menoyo, Sebastián
Miyar, Ezequiel
Muhlenberg, Enrique
Nader, Agustín
Olmedo, Julián
O'Rourke, Tomás
Pamies, Celeste

Este libro se terminó de imprimir en
Modelo para Armar en el mes de septiembre de 2014
Luis Sáenz Peña 647 – C.A.B.A.
Buenos Aires · Argentina